KB272248

버금세계명작시리즈

살면서 꼭 읽어야 할 부처의 지혜

북러버 엮음

부처의 지혜

나는 지치고 힘들 때 부처를 읽는다

내가 원하는 걸 언제 어디서든, 무엇이든 만들어 주는 AI 기술이 점점 발달해도 우리 인간은 여전히 질병, 죽음의 괴로움과 두려움을 피해 갈 수 없습니다. 또한 빠르게 변하는 시대에서 삶의 여유가 없다고 느낄 때도 많이 있습니다.

이러한 시기에 불교는 종교를 떠나 '고통의 원인을 이해하고 극복하며, 과거나 미래에 얽매이지 않고 현재를 충실하게 사는 법' 같은 실용적인 가르침이 담겨 있어서 주목받고 있습니다.

하지만 막상 불교에 관심을 두고 경전을 읽으면 생각과 달리 내용이 복잡하고, 추상적이며, 개념을 이해하기 어려운 경우가 많습니다. 그래서 본서는 일반인들이 읽기에 쉬우면서도 부처의 지혜를 가장 잘 담아낸 '숫타니파타'와 '법구경' 외 다양한 경전과 논서 중 우리가 삶을 살아가면서 반드시 기억하고 실천해야 할 주옥같은 교훈을 발췌하여, 현대를 살아가는 우리들의 시선에서 쉽게 읽고 이해에 도움이 되도록 정리하였습니다.

부처의 철학을 통해 삶의 올바른 방향과 현명하게 살아가는 지혜를 얻길 바랍니다.

목차

나는 지치고 힘들 때 부처를 읽는다

집착은 기쁨이자 근심

마음에 걸림이 없어야 두려움도 없다

집착을 버리고 자유를 찾아야 한다

사람을 망치는 것은 탐욕이다

더불어 사는 것이 최선이다

탐욕에 빠지면 자신을 잃게 된다

자식도 재산도 내 것이 아니다

행하면서 동시에 버려라

도리를 지켜라

그대의 마음은 어디에 있는가

어리석은 자와 벗하지 마라

모든 일은 순간적인 과정일 뿐이다

기쁨이 있어서 슬픔과 두려움이 있다

모든 속박을 버려야 한다

올바르고 깨끗한 마음가짐을 유지해라

조그마한 다툼이 변하여 크게 된다

짐을 벗는 즐거움

즐거움은 결국 고통이다

진정한 모습을 보아라

실수와 잘못을 반복하지 마라

자비로운 마음

모든 재앙은 입으로부터 나온다

운명은 스스로 개척하는 것이다

난관은 성공을 위한 밑거름이다

혼탁하게 더러워진 길은 버려라

사랑이 아니라 사랑의 인연일 뿐이다

마음에도 깨끗한 영양분이 필요하다

인격이 훌륭한 사람들을 가까이하라

항상 초심을 유지해라

겉으로 보이는 모습에 집착하지 않아야 한다

물방울은 연꽃에 들러붙지 않는다.

3. 외로울지라도 무소의 뿔처럼 의연하게 혼자서 가라　　　p.106

자신만의 길을 혼자서 가라

어리석은 사람이 지혜롭다고 생각하면 더 어리석은 사람이 된다

길을 잃은 사람과는 어울리지 말아야 한다

분노는 남을 해치기 전에 나부터 해친다

내 마음에 상대가 쉴 곳을 만들어라

세상에서 가장 빠르게 변하는 것

위대한 스승의 말이라도 의심하고 또 의심하라

나쁜 사람을 좋아하면 깊은 늪에 빠진다

밭을 가는 것처럼 마음공부를 해라

출신으로 사람을 평가해서는 안 된다

배움보다 중요한 건 행동이다

사람은 한 단어로 단정 지을 수 없다

병이 없기를 바라지 마라

항상 겸손해라

항상 말을 조심하라

지나치게 참견하는 말에는 신경 쓰지 마라

아무 생각 없이 살면 안 됩니다

자유로이 숲속을 다니는 사슴처럼

더할 나위 없는 행복

누군가 도움을 요청한다면

좋은 친구를 얻는 건 어려운 일이다

거리를 두어야 할 사람들

이런 사람은 친구가 아니다

지혜로운 생활이 최상의 삶이다

비바람에도 끄떡없는 바위처럼 흔들리지 마라

인격이 완성된 사람

평온한 사람

천 마디 말보다 값진 것

위치에 따라 보이는 풍경이 다르다

자신감과 자만심을 구별해야 한다

고통에서 벗어나려면 만족하며 살아야 한다

미움은 사랑으로 멈춘다

나이 들었다고 어른이 아니다

사람을 소중하게 대하는 법

사람을 사귈 때 적정선을 유지해라

모든 생명은 삶의 의지가 있다

인생을 순탄하게 사는 방법

머무는 곳마다 그곳의 주인이 되라

분노와 교만을 이겨내야 한다

진주를 얻으려면 바다에 뛰어들어야 한다

아버지처럼, 어머니처럼

남을 시샘하는 자는 늘 괴롭다

후회 없이 사랑하라

쉽게 믿어서는 안 되는 것들

옷 안에 들어 있는 보석

도박은 멀리해야 한다

마음이 흔들리면 지혜를 얻지 못한다

겉모습에 속지 말아야 한다

자신을 해치는 것은 자기 자신이다

거친 세상일에 부딪혀도 마음이 흔들리지 않고,

걱정과 티가 없어 안온한 것,

이것이 더없는 행복이다

행복과 불행은 긴 시간 속에서 순간일 뿐이다

인생에 과연 행운과 불행이 있을까요? 행복한 삶, 불행한 삶이라고 나눌 수 있는 기준은 무엇일까요? "과연 무엇이 행복한 삶인가?" 이런 물음에 부처는 "나만 믿고 의지하라"라고 답하지 않고, 단지 "너 자신과 진리만 의지하라"라고 대답했습니다. 세상을 살아가면서 남에게 이끌려 다니지 말고, 스스로 이끄는 삶을 살라는 말입니다.

인간은 어떤 환경에서도 근본적으로 자신이 어떤 사람이 될지 선택할 자유가 있습니다. 이 자유를 구사하기만 한다면 아무도 우리의 내면을 지배할 수 없습니다. 오직 우리 자신만이 각자에게 주어진 여건을 해석하고 의미를 부여할 수 있습니다.

중국 선종의 시조 달마의 제자가 그에게 "불행하다"라고 말했을 때 달마는 "그 불행을 가져오라"라고 답했고, 제자는 그 순간 깨우쳤습니다. 달마가 행운과 불행을 구분하지 않았던 것도, 고독하기를 마다하지 않았던 것도 모두 지나가기 때문입니다.

불행을 즐기면서 그것을 보내는 그때부터 행복은 소리 없이 우리 곁에 다가옵니다.

나와 남을 평화롭게 하는 것

인내하고 용서하며 고통을 참는 가르침이야말로 나와 남을 동시에 평화롭게 해 주는 선물입니다. 가슴에 불덩이를 담아두고 억지로 참는 것은 오히려 화를 키울 수 있지만 화를 지켜보는 수행을 통한 참음은 이 세상 그 어떤 것보다 뛰어난 수행이자 삶의 지침입니다.

화가 날 때는 그 화를 지켜보세요. 화를 없애기 위한 가장 좋은 방법은 그 화를 가만히 바라보는 것입니다. 화를 꾹꾹 눌러 없애려고 애쓰거나, 화가 일어나지 않게 하려고 애쓸 필요 없습니다. 그것은 오히려 화라는 불길에 기름을 퍼붓는 꼴입니다.

화가 나는 인연이 모이면 자연스럽게 내 안에서는 불덩이처럼 화의 기운이 올라오는데 그것을 탓하지 마세요. 화는 아주 자연스러운 것입니다. 다만 그 끓어오르는 불덩이가 어떻게 형성되는지, 어떻게 커지며 어떻게 움직이고 나를 뒤덮으며 사라지는지 그 과정을 온전히 지켜보세요. 그것이야말로 화를 다스리는 진정한 방법입니다. 내 안의 화를 잘 다스리면 내 안에 평화가 깃들고, 상대방에 대한 원망과 노여움을 잘 다스리면 상대방에게 평화가 깃듭니다.

누구라도 자신의 업에 따라
마땅히 가야 할 곳으로 간다

죽음에 무릎을 꿇고 세상을 떠난 사람들의 모습을 보면 아버지는 자기 아들을 구하지 못하고, 친척도 다른 친척을 구하지 못합니다. 세상을 떠나는 사람을 지켜보며 크게 울부짖어도 마치 도살장에 끌려가는 소처럼 인간은 한 사람씩 한 사람씩 죽음으로 끌려갑니다.

죽어가는 다른 사람을 보세요. 죽음의 권세 그 아래로 떨어져 이미 이 세상에서부터 떨고 있으니, 자신이 범한 업에 따라 마땅히 가야 할 곳으로 갑니다.

누군가에게 험담을 들었다면

누군가에게 험담을 듣고 상처를 받았다면 험담은 아득히 먼 옛날부터 쭉 우리 곁에 있었다는 사실을 떠올려 보세요.

그 옛날에도 조용히 있는 사람은 '무뚝뚝하다'고 욕먹고, 말 많은 사람은 '수다쟁이'라고 비난받고, 예의를 갖춰 말하는 사람조차 '뭔가 꿍꿍이가 있는 게 아닐까'라는 악평을 받았습니다.

험담에서 자유로운 사람은 없다

세상을 살다 보면 내가 아무리 잘해도 어딘가에서 누군가의 노여움을 받을 수 있습니다. 나뿐만 아니라 이 세상의 그 누구라도 또 다른 누군가의 노여움을 받고 있습니다. 그러니 어쩌면 누군가에게서 험담을 듣는 것은 당연한 일입니다.

과거에도, 현재에도, 미래에도 영원히 그것은 당연한 일이기에 험담은 물 흐르듯 흘려보내는 게 좋습니다.

우리의 주인은 우리 자신뿐이다

열반에 들기 전 부처는 자신의 제자 아난다에게 말했습니다. "아난다야. 저마다 자신으로 등불을 삼고 자기를 의지하여라." 세상 그 무엇도, 심지어 부처조차도 믿지 말고 오직 자신만을 의지하라는 냉정한 화두입니다. 그런데 만일 자신의 주인을 성현으로 두고 있다면 어떨까요? 그 가르침을 따르지 않은 사람들과 모두 원수가 될 것입니다.

완전한 자유를 구가한 부처는 모든 이가 자신처럼 완전한 자유인이 되길 바랐습니다. 제자들이 스승인 자신에게조차 의지하지 않도록 "너 자신을 등불로 삼아라."라고 가르쳤습니다.

　인적 없는 깊은 산속에 거울은 필요하지 않습니다. 산과 나무, 시냇물과 모든 것이 곧 내 모습인 것을. 오직 홀로 자족하며 아무것에도 얽매이지 않는 자유인처럼 항시 마음속 깊은 숲속에 머물기를 즐기세요.

누구나에게 쉼터를 제공하는
한 그루의 나무 같은 존재가 되라

마을 어귀에 있는 크나큰 정자나무는 무더운 여름에 더위를 피할 수 있는 시원한 그늘을 누구나에게 제공합니다. 정자나무 그늘 아래는 노인들의 사랑방이고, 뙤약볕에서 일하는 농부들의 쉼터입니다. 나그네도 몸과 마음을 쉴 수 있는 하나의 정거장입니다.

정자나무 그늘이 혼자 도도하다면 숲 속 그늘은 여럿이 어우러져 세밀합니다. 사람도 마찬가지입니다. 거목처럼 홀로 우뚝 선 사람이 있고, 숲을 이루는 나무들처럼 더불어 서 있는 사람이 있습니다. 우리는 모두 시원한 그늘이 될 수 있습니다. 홀로 그늘을 만들기 어려울 때 이웃과 더불어 숲 속의 나무들처럼 어울려 아픈 이들과 고단한 이들에게 도움을 줄 수 있습니다.

자신의 길을 가는 즐거움

남에게 얽매여 있다면 고통스러운 삶입니다. 우리 마음은 얼마나 남에게, 상대에게, 외부적인 것들에 많이 얽매여 있는지 생각해 보세요. 돈에, 명예에, 권력에, 지위에, 이성에, 학벌에, 배경에 정말 많은 것들에 얽매여서 살고 있습니다. 그것들이 많으면 행복해하고, 적으면 괴로워하는 외부적인 것들에 휘둘리는 삶은 고통스럽기 마련입니다.

무엇이든 얽매여 있는 삶은 괴롭고, 자신의 길을 가는 것이 즐겁습니다. 어디에도 휘둘릴 것 없고, 예속될 것 없이, 나 자신의 길을 걷는 것, 그것이 가장 큰 즐거움입니다. 누구처럼 살 것도 없고, 누구처럼 되고자 애쓸 것도 없이, 다만 '나 자신'이 되어 나의 길을 걷는 것이 즐거움입니다.

어디에도 얽매이지 않고 자신의 길을 걷는 사람은 외부적인 조건에 얽매이지 않으며, 누구처럼 되기 위해 애쓰면서 자신의 처지를 한심스럽게 생각하지도 않고, 그 어떤 사람의 말에도 휘둘리지 않은 채 자신이 가야 할 길을 정확히 알고 그 길을 걷습니다. 자신의 길을 걷는 사람에게 삶은 언제나 완전한 순간이며, 길을 걷는 매 순간순간이 곧 최종 목적지에 도달한 순간이 됩니다.

삶에 힘을 빼라

내 존재가 물 위에 떠서 흘러가는 나뭇가지처럼 되도록 하세요. 물 위에 떠서 흐르는 나뭇가지는 억지로 마른 땅으로 가려 애쓰지 않고, 빨리 가려고 애쓰지도 않으며, 양 갈래 길이 나오더라도 어느 한 길을 고집하지 않고, 큰 물줄기의 흐름을 타고 완전히 온 존재를 그 흐름에 맡겨 흐를 뿐입니다. 흐름에 들 때에만 비로소 썩지 않은 채 드넓은 바다에 도착할 수 있습니다.

내 앞에 펼쳐진 인생이라는 흐름을 거스르지 말고, 나를 버리고 내맡겨 보세요. 그렇게 흐름에 몸을

맡긴 채 흘러가는 것, 그래서 흐름을 끊지 않고 인생
이란 강가의 어떤 기슭에도 정박하지 않고 어떤 좋
은 인연이나 상황이나 소유에도 머물지 않고 다만
흘러가는 데 집중하는 것, 그런 노력 없는 쉼의 자
연스러움 그것이 바로 정진이요 수행이고 명상입니
다.

삶의 진리를 모르고서
백 년을 사는 건 허망하다

세상 만물의 시작과 끝을 알지 못하고 백 년을 살기보다 단 하루를 살더라도 세상 만물의 시작과 끝을 알고 사는 삶, 불멸을 알지 못한 채 백 년을 살기보다 단 하루를 살더라도 불멸을 깨우치고 사는 삶, 진리를 알지 못한 채 백 년을 살기보다 단 하루를 살더라도 진리를 깨닫고 사는 삶.

단 하루를 살더라도 진리를 깨닫고 사는 삶보다 삶의 진리를 모르고서 백 년을 사는 삶은 허망합니다.

진리를 얻지 못한 자는
지난날을 한탄할 뿐이다

살면서 적절한 규율을 지키지 못하고 귀중한 진리도 얻지 못한 자는 마치 백로가 물고기 하나 없는 호수에서 쓸쓸히 죽어가듯이 그렇게 삶을 마감합니다.

살면서 적절한 규율을 지키지 못하고 귀중한 진리도 얻지 못한 자는 마치 부서진 활처럼 좋았던 지난날을 한탄하기만 합니다.

우주를 지배하는 것보다
내 안의 깨달음이 낫다

이 땅에 모든 것을 누리는 것보다, 천상으로 오르는 것보다, 모든 우주를 지배하는 것보다 내 안의 깨달음이 첫 단계에 이르는 것이 더 낫습니다.

인간으로 태어남은 어려운 일이고, 인간으로 살아감도 어려운 일입니다. 부처의 가르침을 듣는 일도 어려우나, 깨달음을 얻어 불성에 이르는 일은 더욱 더 어렵습니다.

누군가가 나를 불쾌하게 군다면

누군가에게 불쾌한 일을 당해 우울해지거나 위축된다면 그것을 본 상대는 당신의 모습을 보며 웃고 기뻐할 것입니다. 그러므로 현명한 사람은 아무리 불쾌한 상황에 놓여도 한탄하거나 슬퍼하지 않고 평상심을 유지합니다. 전과 다름없이 온화하고 부드러운 당신의 표정을 본 상대는 실망하며 낙담하겠지요.

누군가가 나를 불쾌하게 굴었을 때 최고의 대처 방법은 화내지 않고 온화하게 있는 것, 단지 그뿐입니다.

진정으로 강하고 지혜로운 사람

누군가에게 '도움이 되지 않는 사람'이라고 매도당해도, 또 누군가에게 '바보 같은 사람'이라고 공격당해도, 진정으로 강하고 지혜로운 사람은 화내거나 두려워하지 않고 평상심을 유지하며 차분하게 대응합니다.

그만큼의 인내력이 있는 사람은, 강력한 군대와 같은 힘을 지닌 지혜로운 사람이라고 할 수 있습니다.

습관이 삶을 결정한다

소가 끌고 가는 수레바퀴는 소가 걸어간 곳으로만 나아갑니다. 인생이라는 수레도 내 습관을 따라 굴러갑니다. 우리의 마음은 습관을 따라가니 마음을 잡으려고 하지 말고 습관을 잡아야 합니다. 좋은 습관을 들인 사람의 삶은 참으로 복됩니다.

부처는 인류의 스승이 될 수밖에 없는 습관을 지녔습니다. 매일 식사를 마친 다음에는 본래 자리로 돌아와 발을 씻고 고요히 앉아 명상했습니다. 부처의 습관적 행동이 무언의 설법이 되어 진리를 보여주었습니다.

좋은 스승이 되고 싶으면 좋은 스승의 습관을 익히고, 공인으로 성공하고 싶으면 공적 습관을 익히고, 성공적인 경영인이 되고 싶으면 바람직한 경영인의 습관을 먼저 익혀야 합니다.

지금 하는 일에, 또는 하고자 하는 일에 어울리는 습관을 익히고 있는지를 스스로 돌아보세요.

습관의 힘은 강력하다

부처는 자신만이 고귀하다거나, 먼저 깨달은 자로 자신만이 훌륭하다는 의식을 버리고자 했습니다. 그래서 자신을 공경하든 홀대하든 개의치 않는 습관을 들였습니다. 또한 목표설정을 바르게 하려고 항시 진리를 구현하며 복을 짓는 습관을 들였고, 이에 부합하는 행동을 길들이기 위해 새벽에 일어나는 습관, 평등한 마음으로 식사하는 습관을 들였습니다. 이 습관이 몸에 배어 부처는 진리를 깨달았습니다. 습관의 강력한 힘으로 궁인이 활을 다루듯, 뱃사공이 배를 다루듯, 당신도 자기 자신을 능숙하게 다룰 수 있을 것입니다.

평화로운 사람

참으로 평화로운 사람은 아무것도 가진 것이 없는 사람입니다. 모든 욕망과 집착은 소유가 나오기 때문입니다. 내적으로 완전한 평화를 얻은 사람은 '내 것이다.' 하는 아집이 없습니다. 이 세상 모든 것을 어느 하나 내 것으로 붙잡지 않기 때문에 모든 것을 모조리 내 것으로 쓸 수 있는 사람입니다.

완전한 무소유는 완전한 소유를 가져옵니다. 그러니 가진 것 없어도 걱정하지 않습니다. 또한 평화로운 사람은 그 어떤 것에도 머물러 집착하지 않습니다. 집착할 만한 대상이 있다면 집착하겠지만, 이 세상 그 어느 곳을 찾아도 집착할 만한 고정된 실체는 없기 때문입니다. 머물러 집착하지 않으니 사랑하거나 미워하지도 않습니다. 한쪽에 치우쳐 집착하지 않으니, 사랑과 미움도 모두 꿈이고 신기루인 것을 압니다.

슬픔도 고정된 슬픔이 아니고 가난도 고정된 가난이 아닙니다. 슬픔도 가난도 모두 인연 따라 잠시 오고 가는 것일 뿐, 꿈결처럼 바람처럼 우리 삶을 스쳐 지날 뿐입니다. 마치 연꽃에 진흙이 물들지 않는 것처럼 그 어떤 슬픔도 가난도 소유도 사랑도 미움도 평화로운 사람을 물들이지 못합니다.

어리석은 사람은 윤회의 삶을 헤맨다

절제하지 못하고 마구 먹어서 살만 찌는 사람, 빈둥거리고 게으른 사람. 이런 어리석은 사람은 아무 생각 없이 사는 돼지와 같으니, 전생에서의 행동이 현생에 영향을 미치고, 현생에서의 행동이 다시 다음 생에 영향을 주면서 삶과 죽음이 반복되는 윤회의 길에서 벗어나지 못할 것입니다.

생각 없는 사람의 마음에는 욕망이 덩굴처럼 자랍니다. 마치 과일을 찾아 이 나무에서 저 나무로 옮겨 다니는 원숭이처럼 그는 이번 생에서 다음 생으로 끝없이 헤매 다닙니다.

괴로움을 알아야 해탈에 이를 수 있다

괴로움이 무엇이고 어디에서 비롯되는지, 어디에서 괴로움이 완전히 멈추고 무엇이 괴로움을 소멸로 이끄는 길인지 알지 못하는 사람들은 완전한 자유와 평온을 얻는 마음의 해탈도, 사물의 진리를 깨닫고 완전한 자유를 얻는 지혜의 해탈도 이루지 못합니다. 그들은 윤회를 끝낼 수 없으니, 태어나고 늙는 일을 거듭해서 겪습니다.

괴로움이 무엇이고 어디에서 비롯되는지 알고, 어디에서 괴로움이 모두 완전히 멈추고 무엇이 괴로움을 소멸로 이끄는 길인지 아는 사람들은 마음의

해탈을 이루고 지혜의 해탈을 이루어 윤회를 끝낼
수 있으니, 태어나고 늙는 일을 겪지 않습니다.

홀로 존재한다는 것은
단순한 고립이 아니다

홀로 존재한다는 것은 단순한 고립이 아닙니다. 홀로 존재한다는 것은 끊임없이 외부에서 의지할 것을 찾아 헤매는 우리의 의존적인 마음에 독립적인 자각을 심어주는 것이며, 마음의 중심을 세움으로써 휘둘리지 않는 뿌리를 내리도록 하는 것입니다.

숲속에서 외롭게 홀로 산다는 것은 나 자신과 마주할 수 있는 소중한 인연입니다. 지금까지 우리는 수없이 내 바깥에만 관심을 가지고 살았고, 다른 사람에만 눈을 돌리며 살아왔지, 한 번도 나 자신과 침묵으로 마주하거나, 나 자신과 함께 길을 거닌 적은 없을 겁니다.

다른 사람과의 비교에서 오는 우등과 열등에 가슴 졸이며 살아오다가 홀로 있을 때는 잘난 것도 없고, 못난 것도 없으며, 분별할 것 없으니 그대로 평화를 찾게 됩니다. 홀로 있을 때 비로소 맑은 영혼의 참된 나를 만날 수 있습니다.

나 말고는 누구도
나를 상처 입힐 수 없다

나를 미워하는 상대가 나에게 하는 나쁜 언행이나 집요한 괴롭힘, 그런 건 대단치 않습니다.

화로 일그러진 나의 마음은, 그보다 더 훨씬 나에게 해롭고 위험하므로 나 말고는 누구도 나를 상처 입히지 않습니다.

이해할 수 없는 인간의 삶

쉽게 이해할 수 없는 것, 그것은 바로 인간의 삶입니다. 이미 태어난 존재는 무슨 수를 쓰든 죽음을 피하지 못합니다. 생명은 나이가 들면 죽음에 이르는 것이 당연한 이치입니다. 잘 익은 과일이 일찍 떨어질 위험에 처하듯, 태어난 인간은 언제나 죽음의 위험을 안고 살아갑니다. 기술 좋은 도공이 오랜 시간 노력해 만든 그릇도 결국에는 깨지는 법이니, 인간의 삶 또한 그러합니다. 인간은 누구나 평등하게 죽음의 손아귀 아래 놓여 있으니, 누구도 죽음을 피하지 못합니다.

너와 나는 하나이다

부처는 땅속에서 나온 작은 벌레가 갑자기 공중에서 쏜살같이 내려온 매에게 잡아먹히는 광경을 목격하고, 세상의 덧없음과 세상살이 고통의 근본에 의문을 품기 시작했습니다. 이후 어떤 육체적 즐거움에도 만족할 수 없었습니다.

왜 벌레는 매에게 아무런 해도 끼치지 않는데 일방적으로 당해야 하는가? 왜 백성은 임금에게 늘 눌려 살아야만 하는가? 부처는 이러한 삶의 근원적인 질문을 스스로에게 던지고 마침내 나와 상대가 대립하지 않는 해답을 찾았습니다.

나와 네가 둘이 아닌 하나라는 것입니다. 구별이 아닌 상생을 지향한다면 마음의 평화를 얻을 수 있습니다.

천국과 지옥은 우리가 만든다

우리는 누구나 꿈을 꿉니다. 자면서 꾸는 꿈은 그 사람의 무의식과 과거를 드러냅니다. 깨어 있을 때 열망하는 꿈은 그의 인격을 보여줍니다.

소박한 꿈을 누구나 노력하면 쉽게 이룰 수 있어야 좋은 사회입니다. 그런데 우리의 삶은 소박한 꿈을 이루기도 쉽지 않습니다. 쌀 열 섬 가진 부자가 쌀 한 섬 가진 가난뱅이 것을 빼앗는다는 말처럼 탐욕의 전쟁이 일어나고 있습니다. 이런 사회는 무간지옥과 같습니다. 개인의 성공과 부가 무수한 사람의 피눈물 위에서만 가능한 곳이 바로 무간지옥입니다.

우리 사회에 진정한 보살들은 무간 지옥행을 막는 사람들입니다. 부처의 지혜를 이해하고 실천하는 사람들이라면 누구나 보살입니다. 이들은 상대가 웃을 때 내가 억지로 웃어야 하는 사회가 아니라 함께 웃음이 터질 수밖에 없는 천국으로 가자고 설득합니다. 하지만 이들의 말에 누구나 공감은 하지만 자칫 자기만 손해 볼 것처럼 여기기 때문에 쉽게 따라나서지는 않습니다. 그래도 실망하지 말고, 부처처럼 열반으로 가는 길을 걷다 보면 수많은 사람이 언젠가 따라오게 되어 있습니다.

위대한 희망 속에서
빛나는 인생의 빛

　대부분의 사람은 부처의 가르침이 세속을 떠나는 것에 있다고 생각하지만, 이는 착각입니다. 부처의 가르침은 철두철미하게 현실에 바탕을 두고 있습니다. 부처의 무한하게 전개되는 세계관의 출발점과 도착점은 항시 '지금, 여기'입니다. 원래부터 위대한 사람은 없습니다. 위대한 희망이 위대한 존재를 만듭니다.

사자처럼 무슨 소리에도 놀라지 말고, 바람처럼 어떤 그물에도 잡히지 마라

달그림자가 비치는 물속에 본래 달은 없습니다. 온갖 물상도 존재의 인연이 빚어낸 허구에 불과합니다. 그러나 지혜로운 사람은 실체를 보지만 어리석은 사람은 허구에 매달립니다.

사실 남들이 무슨 말을 하는지 중요한 것이 아니라 자신의 관점과 자신의 해석이 필요합니다. 능동적 사람이란 자기 인식을 분명히 하고, 들려오는 잡다한 소리와 남이 만들어 놓은 틀에 수동적으로 끌려다니지 않는 사람입니다.

과거와 미래를 버리고, 현재도 버려야 한다

　현실 세계의 모든 고통이 사라진 곳에 닿아 깨달음을 얻게 되는 이는 아주 적습니다. 대부분의 사람은 이곳을 오르락내리락할 뿐입니다. 하지만 율법의 가르침을 제대로 받아 그 율법을 따르는 자는 아무리 넘기 어렵더라도 죽음의 손아귀에서 벗어나 그곳에 도착합니다. 생사의 저편 기슭에 이르기 위해서는, 과거를 버리고 미래를 버리고 현재도 버려야 합니다. 마음이 완전히 자유로워지면 다시는 생사의 윤회에 들지 않을 것입니다.

어둠에 둘러싸여 있으면서
왜 등불을 찾지 않습니까?

　세상이 불타고 있는데 당신은 어찌 웃음이 나오고 즐거울 수 있습니까? 어둠에 둘러싸여 있으면서 왜 등불을 찾지 않습니까? 이 세상은 어둠에 덮여 있으니 이 세상을 제대로 볼 수 있는 사람은 지극히 적습니다. 마치 그물에서 벗어난 새처럼 천상으로 오르는 자 역시 지극히 적습니다. 백조는 태양이 가는 길을 따르고 기적 같은 힘으로 하늘을 뚫고 날아갑니다. 지혜로운 자는 해탈하지 못하게 막는 마라와 그의 군대를 정복하고 이 세상에서 벗어납니다.

상대의 잘못이 아닌 나의 내면을 봐라

상대의 잘못과 실수를 알았다 해도 당신이 화낼 필요 없습니다. 타인이 저질러 버린 일, 타인이 어긴 일 그런 것을 물끄러미 보고 있지 마세요.

오히려 시선을 나의 내면으로 돌려 나는 무슨 일을 저질렀고 무엇을 어겼는지를 천천히 들여다보는 게 좋습니다.

마음의 고요함을 얻는 방법

마음의 고요함을 이루기 위해서는 조용한 곳에 거처하며 고요히 사유하고 지켜보는 것이 가장 좋습니다. 조용한 거처는 지친 마음을 쉬게 해 줍니다. 조용한 거처에서는 사람들이 모여 이야기 즐기는 것을 피할 수 있습니다. 말이 많아지고, 사람들과의 관계가 복잡해질수록 마음은 함께 번거로워지며 번잡해집니다.

그렇게 홀로 조용한 곳에서 내면을 주시하면 온갖 외부로 치닫던 모든 욕심이 휴식을 맞이합니다. 욕심이 쉬어지면 화려하고, 자극적이며, 많고 큰 것을

추구하던 모든 꾸밈이 사라지면서 삶이 소박하고 단순해집니다

청정해진 몸과 마음은 어디에도 걸림이 없고, 집착할 곳이 없습니다. 내면에서 끓어오르는 생각과 번뇌가 사라지면 마음은 이내 평안과 고요함에 다다릅니다. 이렇게 마음의 고요함을 얻으면 한없는 자비가 생겨나고 그 자비는 다른 사람에게 깨달음을 전하는 원동력이 됩니다.

이 세상을 신기루로 여겨야 한다

이 세상은 마치 왕의 화려한 전차처럼 빛납니다. 어리석은 자는 화려함에 빠져 헤어 나오지 못하지만, 지혜로운 자는 그 화려함에 마음을 빼앗기지 않습니다.

이 세상을 물거품으로 여겨야 합니다. 이 세상을 신기루로 여겨야 합니다.

충동이 아닌 열정을 불사르라

우리는 누구나 정도의 차이가 있지만 자신의 소망이 있습니다. 이 소망을 이루고자 하는 힘이 바로 열정이나 충동입니다. 대부분의 사람은 인성의 함양은 없이 오로지 소망을 이루고자 하는 충동만 가득합니다. 인성의 함양이 없는 지식의 축적은 위험합니다.

열정과 충동은 분명 다릅니다. 충동은 즉흥적이고 감정적이어서 일시적입니다. 열정은 이성과 감성이 어우러져서 오랫동안 지속됩니다. 열정은 나와 타인, 그리고 세상을 동시에 밝혀 주는 등불과 같습니다.

괴로움에서 벗어나려면 내려놓아라

짐을 지는 것은 세상 사람들의 병이요,

짐을 벗어버리는 것은 최상의 즐거움이니

무거운 짐을 버릴지언정 새 짐을 만들지 마라.

괴로움의 원인은 집착이다

집착에서 벗어나 분별력 있는 사람은 악업을 쌓을 일이 없습니다. 어떤 일에도 애쓰지 않으면서 어디에서나 행복을 찾습니다. 육신의 쾌락을 삼가고, 집착하지 않으며, 항상 자기 마음을 챙기고 자신을 되돌아봄으로써 행복을 얻은 이는 동요하지 않습니다.

반면에 이런 이치를 알지 못한 탓에 집착하는 어리석은 사람은 계속 고통을 겪으니, 지혜로운 사람이라면 집착하지 말아야 합니다. 이런 집착이 고통과 괴로움의 원인이기 때문입니다.

지나치게 탐내지 말고
다투기를 좋아하지 마라

지나치게 탐내지 말고, 다른 사람과 다투기를 좋아하지 말고, 욕심에 빠져 쾌락을 즐겨서는 안 됩니다. 마음을 부드럽게 하여 악덕을 생각하지 않는다면, 마음은 깨끗한 거울과 같아 평생토록 안락함을 얻어 인격이 완성될 것입니다.

집착은 기쁨이자 근심

대부분 사람에게 소유는 기쁨입니다. 집착하는 것을 얻었을 때 하늘을 날아갈 듯 기뻐합니다. 아마도 죽을 때까지 '내 것'이라는 소유를 늘리는 것이 모든 사람의 삶의 과제일 것입니다. 자녀가 있으면 자녀로 인해 기쁘고, 돈이 있으면 돈 때문에 기쁘고, 차가 있으면 차로 인해 기쁩니다.

그러나 이 모든 소유에서 오는 기쁨은 영원하지 않으며 근원적이지 않습니다. 언젠가 소유물은 없어집니다. 소유한 것이 사라지면 괴로움이 따라옵니다. 그러나 소유하더라도 소유에 대한 집착이 없다면 참된 기쁨은 언제나 그 자리에 있습니다.

　세상의 모든 집착을 내려놓으세요. 소유하고 있으면서도 그 소유물에 집착하지 마세요. 집착 없이 소유한다면 세상을 다 소유해도 상관없습니다. 언젠가 소유한 것들이 사라졌을 때 마음에 아무런 파장이 없을 것이기에. 집착이 없으면 근심도 없습니다.

마음에 걸림이 없어야 두려움도 없다

마음의 걸림이란 우리의 생각과 감정 그리고 행동을 제한하는 모든 것을 말합니다. 마음의 평온을 유지하며 집착이나 두려움을 유발하는 것들에 대해서 내려놓는 연습을 해야 합니다. 우리가 너무나 힘들 때 잠깐 멈추거나 잠깐 걷거나, 잠시 호흡을 가다듬는 것만으로도 마음의 걸림을 줄일 수 있습니다. 마음이 자유로워야 두려움이 사라지고 행복해집니다.

집착을 버리고 자유를 찾아야 한다

어두운 속세를 버리고 수행자의 밝은 상태를 따라야 합니다.

지혜로운 자는 집착이라는 집을 떠나 집착 없는 자유로운 상태로 나아가니, 이렇게 물러서서 아무 기쁨도 없어 보이는 곳에서 기쁨을 찾아야 합니다.

사람을 망치는 것은 탐욕이다

잡초는 생명력이 끈질기고 강하기 때문에 많은 영양분이 잡초로 가서 밭을 망칩니다. 인간에게는 탐욕이 잡초와 같습니다. 탐욕은 잡초처럼 한 번에 퍼지는 것이 아니라 서서히 내 마음에 잠식합니다. 탐욕이 마음을 지배하게 되면 도덕적 가치와 판단이 흐려집니다. 자기중심적이고 파괴적인 행동을 할 뿐만 아니라 더 많은 갈망을 만들어냅니다. 탐욕이 마음에 가득 자리 잡고 있으면 욕망을 제어할 수가 없습니다. 제어하지 못하는 욕망은 자제력을 잃게 만들고 그 결과 조금씩 우리의 삶을 파괴합니다. 지나친 욕심은 마음에 잡초를 심는 것과 같습니다.

더불어 사는 것이 최선이다

다른 사람한테 베풀 때 무엇인가 되돌려 받을 것을 바라거나 자신이 베풀었다는 관념을 두지 않고 베풀어야 합니다. 이런 마음으로 보시를 실천하면 큰 복을 받습니다. 대가를 바라지 않고 베푸는 더불어 사는 것이 최선입니다.

탐욕에 빠지면 자신을 잃게 된다

욕망에 사로잡히지 말고, 몸과 입과 마음으로 짓는 업을 잘 막아, 계율을 지켜 가면 열반을 얻게 됩니다. 탐욕에 빠지지 않으면 욕심을 적게 하여 만족함을 알기 때문에 악함을 저지르지 않습니다.

죽음은 육체의 죽음만을 뜻하는 것이 아닙니다. 마음이 죽어 있는 사람도 온전히 살아 있다고 말할 수 없습니다.

자식도 재산도 내 것이 아니다

'내 자식이다.', '내 재산이다.' 하는 것은 다 어리석은 생각입니다. 나도 내가 아닌데, 내 몸도 이번 한 생 잠시 쓰고 나면 돌려주어야 하는데, 내 소유를 '내 것'이라고 할 수 없습니다.

내 몸도 잠시 빌려 쓰는 것이고, 내 소유도 잠시 빌려 쓸 뿐입니다. 그러니 집착할 것이 없습니다.

행하면서 동시에 버려라

참으로 수행을 잘하는 사람은 스스로 수행을 잘하는 것을 모릅니다. 국자가 국 맛을 모르듯, 선정에 든 사람은 선정에 든 것을 잊으며, 적정에 든 사람은 적정에 든 것을 모릅니다. 스스로 수행을 잘하고 있다는 생각이 생기고, 스스로 깨달았다는 생각이 생기면 거기에 집착이 생기고 집착으로 인해 모든 것은 다시 원점으로 돌아갑니다. 삶을 살아가면서 수많은 선행을 하고, 수행을 하지만 그 모든 것을 하고 나서는 반드시 잊어버리고 놓아버리세요. 놓아버리는 순간 그것은 보석처럼 빛나지만, 드러내는 순간 그 빛은 사라집니다.

도리를 지켜라

마음을 깨끗하게 하면 악한 생각을 없애는 것이
쉬우니, 스스로 자제하여 도리를 지키며 살고 악행
을 범하지 않아야 합니다.

사물을 올바르게 생각하여 도리를 지키며 사는 사
람의 마음속에는 잠재해 있던 악이 저절로 사라지
게 됩니다. 스스로 계율과 법을 지켜 기쁨으로 삼고
악을 행하지 않으면 아름다운 이름을 얻어 점점 널
리 알려지게 됩니다.

그대의 마음은 어디에 있는가

당나라 때 '금강경'의 대가라고 불린 덕산 스님은 북방 지역에 거주하며 항상 '금강경'을 강의하였습니다. 그런데 남방 지역 스님들이 경전을 부정하고 있다는 것에 반감을 갖기 시작했습니다. 덕산은 남방의 스님들을 만나야겠다는 일념으로 길을 떠났습니다.

덕산이 남방 지역의 한 절 앞에 도착했을 때 떡장수 노파가 이렇게 질문했습니다. "스님, '금강경'에는 지나간 마음도 얻을 수 없고, 현재 마음도 얻을 수 없고, 미래의 마음도 얻을 수 없다고 했는데,

스님께서는 어느 마음에다 점을 찍겠습니까?” 덕산
은 노파의 질문에 선뜻 답하지 못했습니다. 이후 덕
산은 ‘금강경’ 강의를 그만두고 수행에 매진해 큰 스
님이 되었습니다.

　당신은 과거, 현재, 미래 가운데 어디에 점을 찍겠
습니까? 혹여 찍을 마음이라도 있으십니까?

어리석은 자와 벗하지 마라

어리석은 자와 함께하느니 차라리 혼자인 게 낫습니다. 혼자 있는 시간 속에서 자기 자신을 돌아볼 뿐만 아니라 내면의 목소리에 귀 기울이고 자기 발전을 도모할 수 있기 때문입니다. 자신의 의미, 필요, 감정을 더 깊게 이해하고 더 건강한 관계를 구축하기 위해서라도 혼자 있는 시간은 필요합니다.

특히 부정적인 태도를 지닌 사람은 멀리해야 합니다. 부정적인 영향을 미치는 사람과의 관계는 정신적, 감정적, 신체적 건강을 해칠 수 있습니다. 반면 긍정적이고 서로의 성장을 도울 수 있는 사람과의 관계는 나를 더 발전하게 만듭니다.

관계는 본디 양적인 것보다 질적인 것이 더 중요하며 나 자신의 정신적 평화와 성장을 위해 선택하는 것입니다.

모든 일은 순간적인 과정일 뿐이다

우주의 본질에 비해 개인의 삶은 순식간입니다. 부귀와 고통 역시 마찬가지입니다. 이렇기에 부와 명예를 갖고 있다고 오만해서도 안 되고 고통과 고난이 연속이라고 좌절할 필요도 없습니다. 이러한 것들에 의해 자신의 본질을 흐리지 않도록 해야 합니다.

희로애락도 연기의 한 과정에 불과합니다. 그러니 여기에 얽매이지 말고, 그저 관조하세요.

기쁨이 있어서 슬픔과 두려움이 있다

기쁨은 슬픔을 낳고, 두려움을 낳습니다. 그러니 기뻐할 것이 없으면 슬픔도 없고, 두려움도 없습니다. 탐욕은 슬픔을 낳고, 두려움을 낳습니다. 그러니 탐욕을 부릴 것이 없으면 슬픔도 없고, 두려움도 없습니다. 애욕은 슬픔을 낳고, 두려움을 낳습니다. 그러니 애욕을 부릴 것이 없으면 슬픔도 없고, 두려움도 없습니다. 사랑은 슬픔을 낳고, 두려움을 낳습니다. 그러니 사랑할 것이 없으면 슬픔도 없고, 두려움도 없습니다. 갈망은 슬픔을 낳고, 두려움을 낳습니다. 그러니 갈망할 것이 없으면 슬픔도 없고, 두려움도 없습니다.

모든 속박을 버려야 한다

진심으로 기뻐하는 수행자는 자신의 무지를 두려운 눈으로 바라보며, 자신을 얽매는 크고 작은 모든 속박을 불처럼 태워버리며 정진합니다.

수행을 기뻐하며 무지를 두려운 눈으로 바라보는 수행자는 자신의 완벽한 상태에서 멀어질 수 없으니 이제 깨달음에 가까워졌습니다.

올바르고 깨끗한 마음가짐을 유지해라

방자하지 않은 사람은 계율을 지키는 사람입니다. 올바르고 깨끗함을 생각하는 사람은 항상 마땅히 스스로 마음을 지킵니다.

계율을 지키는 사람은 결코 무례한 행동을 하지 않으며 오욕을 발견하면 털어 냅니다. 스스로 올바르고 깨끗하게 살려는 사람은 항상 자기의 본마음을 지키기 위해 힘쓰는 사람입니다.

조그마한 다툼이 변하여 크게 된다

마음이 어지러우면 근심이 많고 다툼이 잦아집니다. 조그마한 다툼이 변하여 크게 되니 악함을 쌓아 불길로 들어가게 됩니다.

방탕한 마음을 두려워하고 참됨을 행하는 속에서 수행의 즐거움을 찾아야 합니다. 게으르고 방탕한 행동을 많이 하면 허물이 뒤따르고, 다툼이 끊임없으니, 지옥의 활활 타는 불길 속으로 던져지지 않도록 항상 조심해서 살아야 합니다.

짐을 벗는 즐거움

우리가 짊어지고 있는 가장 무거운 짐은 탐욕이라는 이름의 짐입니다. 탐욕은 짊어지는 만큼 병이 되고, 벗어버리는 만큼 즐거움이 됩니다. 길을 걷는 나그네에게 짐이 많다면 그 길은 멀고도 험난합니다. 인생의 길을 걷고 있는 우리들도 짐이 없어야 즐겁고 가벼운 여행을 즐길 수 있습니다. 지혜로운 이는 삶의 길 위에서 항상 무거운 짐을 버리고 버리며 살지만, 어리석은 이는 항상 새 짐을 만들고, 쌓고 또 쌓기에 여념이 없습니다.

즐거움은 결국 고통이다

탐욕은 괴로움입니다. 탐욕을 채우는 데에서 오는 즐거움 또한 결국 고통이 되고 맙니다. 탐욕을 채우려고 하면 할수록 탐욕은 더 커집니다. 만족은 잠시일 뿐 이윽고 또 다른 탐욕이 생깁니다. 대부분은 탐욕을 채웠을 때 오는 잠시의 행복이 참된 행복인 줄 착각하고 삽니다. 탐욕을 채우기 위해 온갖 악행과 기만을 서슴지 않습니다. 나의 탐욕을 채우기 위해 상대방을 짓누르고 밟고 일어서는 것은 당연한 일이 됩니다.

그렇다고 탐욕을 끊기 위해 탐욕을 미워하고

증오할 필요는 없습니다. 탐욕을 없애려고 애쓰지 말고, 좋아하거나 싫어하지도 말고, 어떻게 생겨나고 어떻게 머물렀다가 어떤 일들을 만들어내고 또 어떻게 사라지는가를 그냥 지켜보세요. 그랬을 때 탐욕에 대한 지혜가 생기고 지혜의 빛은 곧 탐욕을 사랑으로 불태울 것입니다.

진정한 모습을 보아라

청동으로 만든 불상은 용광로를 지나지 못하고, 나무로 만든 불상은 불을 지나지 못하며, 진흙으로 만든 불상은 물을 지나지 못합니다.

영원한 것이라면 그 형체가 그대로 존재해야 하는데, 모든 만물은 일정한 조건에 따라 변하는 무상한 것입니다. 형상에 집착해 그것이 최상이고, 최고라는 마음을 버리고 진정한 모습을 보아야 합니다.

실수와 잘못을 반복하지 마라

실수는 의도하지 않은 결과를 일으키는 행위를 뜻하고, 잘못은 잘하지 못하여 틀리거나 옳지 못하게 행동한 것을 뜻합니다. 두 단어의 뜻과 상관없이 변하지 않는 점은 인간은 누구나 실수하고 잘못을 저지른다는 것입니다.

그 어떤 사람도 한 번도 실수하지 않은 사람은 없습니다. 단 한 번도 잘못을 저지르지 않은 사람도 없습니다. 실수와 잘못을 어떻게 대처하고 극복하는지가 중요합니다.

실수와 잘못을 절대 반복하지 않고, 실수와 잘못된

행동에서 배우고 그 깨달음을 통해 나 자신을 더욱더 나은 사람이 되도록 노력해야 합니다. 내면을 들여다 보면서 인정하고 개선하는 것은 궁극적으로 나를 더 좋은 사람이 되게 합니다.

자비로운 마음

누가 나 혼자 견디기 무거운 짐을 기꺼이 짊어지려고 한다면 고마움을 느낄 것입니다. 반대로 힘들어 보이는 누군가에게 내가 기꺼이 손을 내밀면 그건 타인을 위해서뿐만 아니라 나에게도 좋은 일이 됩니다. 자비롭게 행동함으로써 긍정적인 감정을 경험하고, 그 긍정적인 경험은 우울한 마음을 줄이고 자부심을 올릴 수 있기 때문입니다. 자비로운 사람이 많아질수록 우리의 삶은 더 살기 좋아질 것입니다.

모든 재앙은 입으로부터 나온다

우리의 마음에 가장 많은 상처를 남기는 건 '말'입니다. 말은 세상에서 제일 무서운 폭력일지도 모릅니다. 마음에 남는 상처는 눈에 보이지 않기 때문에 오래갑니다.

말 한마디로 상대방을 기쁘게 할 수 있고, 말 한마디로 절대 지워지지 않는 상처를 줄 수 있습니다. 그러므로 더욱더 신중하게 말해야 합니다. 하루도 거르지 않고 매일 하는 것이 말입니다. 그 말을 어떻게 하냐에 따라서 도끼가 될 수도 있고, 누군가를 안아주는 따뜻한 이불이 되어줄 수도 있습니다.

운명은 스스로 개척하는 것이다

사람은 환경의 영향을 많이 받습니다. 좋은 환경에서 태어난 사람과 그렇지 않은 환경에서 태어난 사람은 받는 영향이 다를 수밖에 없습니다. 출생 환경은 개인이 선택할 수 있는 것이 아닙니다. 그래서 우리는 주어진 인연의 자리를 새로운 도약대로 삼아야 합니다.

만일 사람이 주어진 인연에 순응하는 기계라면 운명은 숙명처럼 존재할 것입니다. 그러나 사람은 기계가 아니라 자유의지를 가진 존재이므로 정해진 숙명이 있을 수 없습니다. 굳이 운명을 이야기한다면 어떤 일을 만나는 게 운명이 아니고, 그 일을 당했을 때 어떻게 대처하는지 따라 운명의 방향이 정해질 것입니다.

자신이 만난 인연의 자리를 구렁텅이로 만들지, 아니면 도약대로 만들지는 본인이 선택할 몫입니다.

난관은 성공을 위한 밑거름이다

야생화를 집 안에 들여놓으면 그 본연의 아름다움을 잃어버립니다. 가장 향기롭고 아름다운 야생화는 높은 산의 절벽에 있습니다.

개인의 능력도 위기를 극복하려는 가운데 향상됩니다. 삶이 느슨해질 때 아주 가끔은 스스로 마감을 정하는 등 난관이 있는 환경을 만들 필요도 있습니다.

혼탁하게 더러워진 길은 버려라

혼탁하게 더러워진 길을 버리고 오직 깨끗하고 맑은 길을 나아가며, 깨끗한 가르침에 따라 번뇌의 바다를 건너 다시는 돌아오지 말아야 합니다.

쾌락을 다 버리고 물들지 않는다면, 욕심이 끊어지고 근심이 없어 열반에 가까이 갈 수 있습니다.

사랑이 아니라 사랑의 인연일 뿐이다

모든 인연은 한번 모이면 반드시 사라집니다. 인연 따라 모인 것은 인연이 다 하면 반드시 흩어지기 마련입니다. 모이고 흩어지는 것을 받아들이는 것이야말로 참된 사랑입니다. 그것을 받아들이면 잠시 모인 인연에 얽매이지도, 집착하지도 않습니다.

아침 햇살에 반짝이는 이슬처럼 눈부시게 사랑하세요. 다만 그 눈부신 햇살은 곧 정오를 맞고 이윽고 석양으로 기울어져 간다는 사실을 받아들이면 됩니다. 받아들일 것을 받아들일 줄 아는 것이야말로 참된 사랑입니다.

마음에도 깨끗한 영양분이 필요하다

마음에도 영양분이 필요합니다. 무언가 해야 마음이 편하고, 늘 무언가 하고 싶은 생각도 영양분입니다.

마음은 스스로 영양분이 되어 다음 마음을 만듭니다. 깨끗한 마음을 영양분으로 삼기에 다음 만들어지는 마음도 깨끗합니다. 마음이 더러워지면 다음 만들어지는 마음도 더러워집니다.

건강한 신체를 위해 신선하고 좋은 음식을 먹듯, 건강한 마음을 위해 지금의 마음을 늘 깨끗하게 유지해야 합니다.

인격이 훌륭한 사람들을 가까이하라

인격이 훌륭한 사람과 서로 의지해 함께 사는 것은 가족과 모여 사는 것만큼이나 좋습니다. 사람들은 내면에 인정받고 싶은 욕구가 있습니다. 그런데 각기 자신의 욕구에만 충실하다 보니 누구와 만나도 서로 자기를 과시하기에 더 바쁩니다.

하지만 부처는 정반대로 자신의 업적과 인품을 드러내려 하지 않았습니다. 어떤 사람이든 그 사람 모습 그대로, 그 사람이 하는 말 그대로 수용해 주었습니다. 어질고 지혜롭고 고매한 지식을 갖춘 인격이 훌륭한 사람들을 가까이하세요.

항상 초심을 유지해라

　무언가를 처음 할 때 사람들은 비교적 순수한 마음으로 시작합니다. 그 초심이 곧 깨달음입니다. 다른 사람과 처음으로 관계를 맺고 시간이 흐르면 점차 이런 일 저린 일을 겪으면서 원한도 생기고 탐욕도 늘어납니다. 하지만 초심을 그대로 지키며 계속 살 수 있다면 원만한 인간관계를 유지할 수 있습니다.

　나를 포함해 주위에 원한과 탐욕을 지닌 사람들이 가득해도 원한을 벗어나고 또 벗어나야 합니다. 그래야 여유롭고 즐겁게 살 수 있다.

겉으로 보이는 모습에
집착하지 않아야 한다

현명한 사람은 누군가의 견해나 사유에 흔들리거나 집착하지 않으며, 교만함에 빠지지 않습니다. 현명한 사람은 관습이 이끄는 대로 행동하지 않으며, 어떤 마음의 쉼터에도 머물지 않습니다.

겉모습에 집착하지 않는 사람에게는 어떤 속박도 없으며, 지혜로 해탈에 이른 자에게는 어떤 어리석음도 없습니다. 그러나 겉모습과 견해에 집착하는 이는 세상을 떠돌면서 사람을 괴롭힙니다.

물방울은 연꽃에 들러붙지 않는다

탐욕스러운 사람은 내 것에 집착하는 이기심 탓에 슬픔과 애통함을 버리지 못합니다. 그렇기에 지혜로운 사람은 탐욕을 버리고 평온함을 얻으려 합니다. 물방울이 연꽃에 들러붙지 않듯 지혜로운 사람은 보거나 듣거나 생각한 그 어떤 것에도 집착하지 않습니다.

이 세상에서 보고 듣고 생각된 것이 많으나 이렇게 인식된 것 가운데 사랑하는 대상에게 더 이상 욕망을 갖지 않고 집착하지 않는 영원불멸의 상태, 이것이 바로 니르바나입니다.

외로울지라도 무소의 뿔처럼

의연하게 혼자서 가라

깊은 고독으로 들어가 자신을 단련하며

삶의 무상함을 마주할 용기를 길러라.

그것이야말로 진정한 내면의 풍요로움이다.

자신만의 길을 혼자서 가라

사람들의 삶을 둘러보면 각자 자신만의 길을 걷고 있습니다. 그 길을 누군가와 함께 걷는 것도 좋지만 좋은 사람이 아니라면 함께 갈 필요가 없습니다. 나에게 나쁜 영향을 주면서 자아를 잃어버리게 하는 사람과 함께 갈 필요도 없습니다. 외롭고 두렵다고 아무나 함께해서는 안 됩니다.

사람은 주변 사람이나 환경에 영향을 많이 받는 존재입니다. 그렇지만 다른 사람의 소음이나 세상의 혼란에 휩쓸려서는 안 됩니다. 나 자신과 대화하고, 내면을 바라보고 고요함 속에서 자유와 마음의 평안을 찾아야 합니다.

　결국 끝까지 믿어야 하는 것은 자기 자신입니다. 주변에 괜찮은 사람이 없다면 무소의 뿔처럼 의연하게 혼자서 가세요.

어리석은 사람이 지혜롭다고
생각하면 더 어리석은 사람이 된다

어리석은 사람들은, 남들은 잘못된 판단과 관념에 사로잡혀 있지만 자신만은 그렇지 않다는 매우 강력한 신념을 갖고 있습니다. 그래서 그들은 언제나 자신은 그 누구보다도 지혜롭다고 이야기합니다. 이렇게 자화자찬이 습관화된 사람은 자기 자신이 가장 대단하고, 지혜롭다고 생각해 다른 이들의 말을 듣지 않습니다.

어리석은 사람이 본인을 지혜롭다고 생각하면 더 어리석은 사람이 됩니다. 본인의 부족함을 알고 그것을 인정하는 사람만이 다른 이들의 의견에 귀를 기울이며, 포용하고 받아들일 수 있는 여유를 갖게 됩니다. 본인이 어리석다고 생각하는 사람이야 오히려 누구보다 지혜로운 사람이 될 수 있습니다.

길을 잃은 사람과는
어울리지 말아야 한다

우리는 많은 사람들과 만나고 헤어짐을 반복합니다. 그 많은 사람 중에 쓸모없는 것만 가르쳐주고 잘못된 길로 이끌며, 육신의 쾌락에 빠져 길을 잃은 나쁜 친구를 피해야 합니다.

배움이 깊고 가르침을 지키며 너그럽고 지혜로운 친구와 가까이 사귀어야 합니다. 만약 그런 친구를 못 만났다면, 만물의 의미를 알고 자기 마음의 의심을 다스리면서 차라리 혼자 가는 게 낫습니다.

분노는 남을 해치기 전에
나부터 해친다

마음에 향기를 품고 있으면 남에게 향기를 풍기고, 마음에 독을 품고 있으면 남에게 독을 뿜어냅니다. 분노는 독입니다. 남에게 독을 뿜어내기 위해 나의 몸과 마음을 독소에 노출하는 분노입니다.

내가 분노를 표현하면 상대 또한 독을 품어 나에게 독을 뿜어내니 누군가가 이 과정을 멈추어야 합니다. 그리고 그 누군가가 바로 내가 되어야 합니다.

내 마음에 상대가 쉴 곳을 만들어라

사람이 함께 있으면 반드시 다툼이 일어나고, 서로 잔소리를 하게 됩니다. 사람과 사람 사이에 당연히 다툼이 일어나기 마련입니다.

사람이 함께 있으면 다툼이 일어나는 이유는 마음에 나에게 애착하는 번뇌가 꽉 차 있기 때문입니다. 마음에 타인이 쉴 곳을 만들면 다툼이 일어나지 않습니다.

세상에서 가장 빠르게 변하는 것

세상에서 가장 빠르게 변하고 변덕스러운 것은 바로 우리의 마음입니다. 손가락 한 번 튕기는 사이에 마음은 960번 움직입니다. 세상에서 가장 빠르게 변하는 것이 마음이라는 걸 인식하는 순간 변화를 두려워하지 않게 됩니다. 환경의 변화에 저항하기보다는 그 변화 자체를 받아들일 수 있게 됩니다. 마음이 원래 빠르게 변하는 거라는 걸 인식하지 못하는 사람은 마음이 변할 때마다 자주 혼란을 느끼고 집중하기 어렵습니다. 하지만 내 마음이 변하는 것을 받아들이면 내가 겪는 순간을 평화롭게 만들 수 있습니다.

위대한 스승의 말이라도
의심하고 또 의심하라

위대한 스승의 말이라고 열광적인 찬성도, 맹목적인 비난도 하지 말고 그 말이 상식에 부합하는지 의심하고 또 의심해야 합니다. 누군가가 당신이 처한 문제를 아주 쉽게 해결할 수 있는 비결을 소개해 주겠다고 하거나, 인생을 더 쉽게 살 수 있는 방법을 알려준다고 하면 그 말을 받아들이기 전에, 왜 나에게 이런 걸 알려주는지 의심해 보세요.

조금만 생각해 보면 상식적인 일인데도, 감언이설에 쉽게 속아 넘어가는 이들이 많습니다. 그 이유는 마음에 자리 잡은 욕심 때문입니다. 마음속 욕망을 바로 알고 그것을 관리할 줄 아는 사람만이 헛된 말에 쉽게 휘둘리지 않으며, 뻔히 보이는 함정에 스스로 발 들이지 않습니다.

나쁜 사람을 좋아하면 깊은 늪에 빠진다

덕 있는 사람인 척 뻔뻔스럽게 꾸미고, 방자하고, 남을 잘 속이고, 절제하지 않고, 말이 많고, 겉으로 착한 척 다니는 사람. 그런 사람은 길을 더럽히는 사람입니다.

길을 더럽히는 사람들은 '나쁜 사람'을 좋아합니다. 그들은 착한 사람에게 사랑받을 만한 일은 하나도 하지 않으며, 나쁜 사람의 가르침을 받아들입니다. 그러면서 돌이킬 수 없는 깊은 늪에 빠지고 맙니다.

밭을 가는 것처럼 마음공부를 해라

모든 사람이 매일 식사를 하듯이 마음공부를 한다면 세상은 금방 좋아질 겁니다. 세상이 아직도 좋아지지 않는 것은 마음을 밭 갈고 씨 뿌리는 사람이 너무 적기 때문입니다. 이런 세상의 한가운데서 언제나 마음을 챙기고 갈무리해야 합니다.

믿음이라는 종자, 지혜라는 호미, 자기 성찰이라는 괭이, 생각이라는 막대기로 마음에 밭을 일구어 내야 합니다. 물질적 재산은 늘었다가도 줄어들지만, 마음의 재산은 누구도 앗아 갈 수 없습니다.

출신으로 사람을 평가해서는 안 된다

사람은 출신에 의해 천한 사람이 되는 것이 아니며, 출신에 의해 귀한 사람이 되는 것도 아닙니다. 그 사람의 행동과 업적으로 인해 천한 사람이 되기도 하고, 귀한 사람이 되기도 합니다. 태어난 가문보다 살아가면서 어떤 행동을 했느냐를 두고 고귀한 사람인지 천박한 사람인지 평가해야 합니다.

배움보다 중요한 건 행동이다

맛있는 음식을 만드는 방법에 대해 좋은 가르침을 받아도 내가 한 번 만들어 보는 것보다 더 나을 수는 없습니다. 내가 배운 가르침이 무조건 옳은 건 아닙니다. 분명 나에게 맞지 않는 가르침도 있을 텐데 그걸 확인하는 방법은 직접 시도해 보는 것뿐입니다.

아름다운 말이나 중요한 가르침을 아무리 많이 들어도 실행에 옮기지 않으면 소용없습니다. 향기 나는 꽃이 되고 싶다면 부지런히 움직여야 합니다.

사람은 한 단어로 단정 지을 수 없다

　가족으로 오랫동안 함께 살며 여러 상황을 겪어본 사이가 아니라면 사람의 성격은 겉으로 드러난 한두 가지 특징만으로 파악하기 어렵습니다. 사람들은 흔히 자기 생각을 잘 드러내면 외향적이고, 그 반대의 경우 내향적이라고 판단합니다. 하지만 평소 의견을 잘 드러내는 사람이라도 어떤 일에서는 의견을 드러내지 않는 경우가 있습니다. 반면에 의견을 잘 드러내지 않던 사람이 의견을 드러내는 경우도 있습니다. 따라서 단순히 적극적으로 의견을 드러내느냐 아니냐에 따라 외향과 내향을 판단할 수 없습니다.

사람의 성격은 단순하지 않아서 오랫동안 관찰하
여도 알 수 없습니다. 누군가에게 선입견을 한 번 가
져 버리면 바꾸기가 좀처럼 쉽지 않기 때문에 항상
유의해야 합니다.

병이 없기를 바라지 마라

어릴 적 몸이 자주 아픈 사람은 성장하면 동정심 많은 사람이 됩니다. 몸이 아프다는 것은 욕심을 버리라는 자연으로부터의 신호입니다. 병 때문에 약을 먹는 동안은 욕심을 토해내야 합니다.

누구나 탐욕이 생기지만 그것이 마음의 병인 줄 알아 치료하는 사람과, 그것을 키워 큰 병을 만드는 사람이 있습니다. 무엇보다 먼저 마음의 병부터 벗어나야 합니다.

항상 겸손해라

사람들이 당신을 존경한다고 우쭐대거나 자만하지 말고, 사람들이 당신을 비난한다고 해도 보복하려고 앙심을 품지 마세요.

남에게 훌륭한 대접을 받을지라도 조금의 교만한 마음을 가져서는 안 됩니다. 교만과 자만을 내려놓는 것만으로도 마음공부가 완성됩니다.

항상 말을 조심하라

말 한마디에 천 냥 빚을 갚는다는 말처럼 말은 대단한 힘을 가지고 있습니다. 말을 조심한다는 건 말을 통해 상대에게 미치는 영향을 생각해야 한다는 뜻입니다. 내 말 한마디가 상대의 감정에 긍정적이든 부정적이든 큰 영향을 미칠 수 있습니다. 말은 항상 진실되어야 하고 상처 주지 않아야 하며 필요한 말인지 고민해야 합니다. 이런 행위는 단순히 예의를 넘어 상대에 대한 존중과 나의 가치를 올리는 일이 됩니다.

말을 조심해도 마음을 다스리지 않으면 아무런

소용이 없고, 말과 마음을 잘 다스린다 한들 행동이 나쁘면 아무 소용이 없습니다. 바른말은 바른 마음을 만들고 바른 행동을 만듭니다.

지나치게 참견하는 말에는
신경 쓰지 마라

내 상황에 대해 아는 사실도 전혀 없고 진지하게 고민해 본 적이 없는데 전문가라도 된 듯 지나치게 참견하는 사람들이 있습니다. 그들은 애정 어린 조언도, 충고도 아니고 그저 자신이 살아온 삶만이 옳다고 생각하는 자만심 가득한 사람일 뿐입니다. 이들은 세상의 모든 사람이 자기 뜻대로 움직여야 한다고 생각하며, 조금이라도 이해되지 않는 인생은 모두 잘못된 것이라 치부합니다.

세상일이란 계획대로 살기 쉽지 않습니다. 그러니

내 인생에 이래라저래라 참견하는 누군가를 만나거든 신경 쓰지 마세요. 아무것도 모르는 철없는 아이의 말에 화낼 필요 없듯이, 그저 지독한 욕망과 자만을 못 버린 사람이라 생각하고 넘기면 됩니다.

아무 생각 없이 살면 안 됩니다

다른 이의 의무가 크다고 생각해 이를 도와주다가 자신의 의무를 소홀히 해서는 안 됩니다. 자신의 의무가 무엇인지 분명히 알고 있다면 언제나 그 의무에 최선을 다해야 합니다.

우리는 악한 길을 따르지 말고, 아무 생각 없이 살지 말아야 합니다. 그릇된 견해를 따르지 말고, 세상 흘러가는 대로 따르며 살지 말아야 합니다.

자유로이 숲속을 다니는 사슴처럼

사람들과 어울림에는 세 가지 유형이 있습니다. 첫째, 사람들과 잘 어울리는 것 같지만 남에게 끌려 휘둘리는 사람. 이런 사람은 자유롭지 못합니다. 둘째, 사람들에게서 떨어져 혼자 있을 때는 고요하지만 남과 어울리면 혼란에 빠지는 사람. 이런 사람은 소심해 보입니다. 마지막으로 남과 있을 때도 고요하고 홀로 있을 때도 고요한 사람은 진정한 자유로운 사람입니다.

사실 진정한 자유를 얻은 세 번째 유형의 사람이 되려면 우리는 먼저 두 번째 유형의 사람부터 되어야 합니다. 애초에 사람과 어울리는 데서 편안함을 느끼는 것은 내면이 공허하기 때문입니다. 군중에게서 떨어져 고독을 알고, 자유로이 숲속을 다니는 사슴처럼 홀로 있음에 긍지를 가지세요.

더할 나위 없는 행복

어리석은 사람을 멀리하고 현명한 사람을 가까이 하며 훌륭한 지식을 존경하는 것, 이것이 더할 나위 없는 행복입니다. 부모를 섬기고 자식을 사랑하고 아끼는 것, 이것이 더할 나위 없는 행복입니다.

형편에 따라 남을 도우며 올바르게 살고 비난받을 만한 행동을 하지 않는 것, 이것이 더할 나위 없는 행복입니다. 존경하고 감사할 줄 알고 부족한 것에도 만족하며 진리의 가르침을 실천하며 사는 것, 이보다 더 좋은 행복은 없습니다.

누군가 도움을 요청한다면

나에게 돌아오는 실질적인 이익이 중요해도 다른 사람의 고통에 공감하고 그들을 돕는 데 주저하지 않아야 합니다. 도움을 청하는 사람을 기꺼이 돕는 것은 유대감과 공감을 만들고 나아가 사회를 조금 더 긍정적인 방향으로 이끄는 작은 발걸음입니다.

주변에 힘들어 보이는 사람이 있다면 내가 할 수 있는 한에서 그들을 도와주세요. 물질적이든 정서적인 공감이든 상관없습니다. 그저 내가 기꺼이 할 수 있는 것이면 충분합니다.

좋은 친구를 얻는 건 어려운 일이다

어린 시절에는 순수하게 친구를 사귀지만, 나이를 먹을수록 자기 이익을 위해 다른 사람을 사귀는 경우가 많습니다.

어린이처럼 순수하게 사람을 사귀는 친구를 얻는 건 어렵고, 자기 이익에 밝은 자는 순수하지 않으니, 좋은 친구를 얻지 못했다면 혼자서 꿋꿋하게 걸어가야 합니다.

거리를 두어야 할 사람들

사소한 일에도 화내고 증오를 품으며 위선을 떨면서 그릇된 견해를 품고 남을 속이는 사람이 있다면, 그가 누구든 거리를 두어야 합니다. 선한 삶을 사는 사람을 악한 길로 인도하고 진실을 숨긴 채 남에게 조언을 건네는 사람이 있다면, 그가 누구든 거리를 두어야 합니다.

남을 멸시하고 교만하게 굴며 비열한 행동을 하는 사람이 있다면, 그가 누구든 거리를 두어야 합니다. 부끄러워할 줄 모르며 죄짓는 일을 두려워하지 않는 사람이 있다면, 그가 누구든 거리를 두어야 합니다.

이런 사람은 친구가 아니다

겸손하지 않고 자신이 할 수 있는 어떤 일도 하지 않는 사람이라면, 그런 사람은 친구가 아닙니다.

입에 발린 달콤한 말만 늘어놓고 아무 행동도 하지 않는 사람이라면, 그런 사람은 친구가 아닙니다.

언제나 내가 잘못했는지 의심하고 결점만 보는 사람이라면, 그런 사람은 친구가 아닙니다.

지혜로운 생활이 최상의 삶이다

두터운 털옷이 따뜻한 것이 아니라 덕망 있는 마음이 따뜻하고, 진수성찬이 맛있는 것이 아니라 걱정 없는 삶에 입맛이 생깁니다. 부잣집에서 술과 노래 속에 지내는 삶은 슬기로운 사람의 조촐한 삶을 따라오지 못합니다.

마음이 한가하면 가을 하늘에 뜬 보름달을 보고도 배가 부르고, 정신이 맑으면 빈 곳간에서도 즐거움이 우러나옵니다. 오늘 먹을 것이 있고 내일 입을 옷이 있다면 얼마나 고마운 삶을 살고 있는지 생각해 보세요.

비바람에도 끄떡없는
바위처럼 흔들리지 마라

산 위의 바위가 비바람에도 끄떡없듯, 지혜로운 사람은 그 어떤 칭찬이나 비난에도 굳건하게 평정심을 유지합니다. 나무가 가만히 있으려고 해도 바람이 그치지 않는 것처럼, 내 의지와 상관없이 시비가 그치지 않지만 이것이 세상의 이치입니다.

누군가의 비난은 과거에도, 현재에도, 미래에도 있을 것입니다. 그러니 어리석은 사람들의 비난에 흔들리지 말고, 오직 지혜로운 사람에게 비판받지 않을까 고민하면 됩니다.

인격이 완성된 사람

모든 것을 내려놓아 집착 없는 사람. 그런 사람이 인격이 완성된 사람입니다. 어떤 속박에도 얽매이지 않고 두려워하지 않으며, 인생을 당당하게 바라보는 사람. 그런 사람이 인격이 완성된 사람입니다.

이 세상의 선과 악을 모두 버리고, 그 어느 것에 치우쳐 집착하거나 근심하지 않으며, 번뇌에 스며들지 않는 사람. 그런 사람이 인격이 완성된 사람입니다. 화가 나는 일에도 자신을 제어해 분노를 품지 않고, 몸가짐과 행동을 조심하며, 욕심내지 않고 마음공부를 하면 인격이 완성됩니다.

평온한 사람

과거에 있던 일들에 집착하지 마세요. 미래에 일어날 일에 대해 염려하지 마세요. 그 어떤 것에 집착하지 않는다면 당신은 평온을 찾은 사람입니다.

천 마디 말보다 값진 것

기분 좋게 대화하는 사람이 있는가 하면 기분 나쁘게 대화하는 사람이 있습니다. 대화가 끝나고 기분이 달라지는 이유는 말의 힘 때문입니다.

쓸모없는 말로 시간을 낭비하거나, 부정적인 말로 갈등을 일으키는 사람과는 아무리 오래 대화를 나눠도 기분만 더 나빠집니다. 의미 있는 말과 긍정적인 영향을 주고받는 사람과는 잠깐만 대화를 나눠도 마음이 충만해집니다.

내가 누군가와 대화를 나눴을 때 받은 느낌을 곰곰이 떠올려본다면 다른 사람에게 말을 걸 때 신중

하게 됩니다. 다른 사람에게 가능하면 긍정적이고
좋은 영향을 주는 말을 해야 합니다.

위치에 따라 보이는 풍경이 다르다

자신의 위치가 달라지면 하는 일이 달라지고, 세상을 바라보는 시선과 생각도 달라집니다. 내가 왼쪽으로 가면 갈수록 모든 것은 오른쪽으로 보이고 내가 오른쪽으로 가면 갈수록 모든 것이 왼쪽으로 보이는 것과 같은 이치입니다.

나와 다른 위치에서 다른 풍경을 보는 사람의 의견은 늘 다르게 보일 수밖에 없습니다. 하지만 이것은 다른 것일 뿐, 틀린 게 아닙니다. 그러니 내 생각을 강요하지 말고, 귀 기울여 소통해 보세요.

자신감과 자만심을 구별해야 한다

자신감과 자만심을 구별할 줄 알아야 합니다. 자신감은 나와 타인을 객관적으로 응시하지만, 자만심은 나를 실제보다 크게, 타인을 작게 봅니다. 자신감을 갖는 것은 좋으나 자만심을 가지면 큰 곤란에 빠지게 됩니다.

세상은 만만한 것이 아니며, 쉬운 것은 없습니다. 어떤 일이든 쉽게 되기를 바라지 마세요. 살얼음 위를 걷듯이 조심스럽게, 그렇지만 초조하지 않고 당당하게 걸어가면 됩니다.

삶은 우연이 아니라
나에게 돌아온 것이다

지은 업은 사라지지 않고,

인연을 만나 반드시 과보를 받는다.

인과법칙은 상관관계이다

업은 인과법칙에 따라 움직이며, 개인과 자연에도 똑같이 적용됩니다. 세상을 합리적으로 보려면 주관적 믿음보다는 객관적으로 관찰하고 재현성이 있는지 살펴, 추상적 설명보다는 단순하고 논리적인 설명이 가능해야 합니다.

우연 속에 어쩌다 이루어진 일들은 모두 필연적으로 무의미합니다. 마음에 화가 없고, 세상의 욕망을 초월한 사람은 이 세상과 저 세상을 다 같이 버립니다.

선한 업과 나쁜 업

어떤 행위에 후회는 하지만 고통받지 않았다면 그 행위는 선한 업으로써 마음속에 쌓입니다. 선한 업은 마음속에서 무르익어, 이윽고 즐거운 충만감과 함께 기분 좋은 인과응보를 받게 될 것입니다.

어떤 행위에 후회하고 고통받았다면, 그 행위는 악업으로써 마음속에 쌓입니다. 악업은 마음속에서 무르익어, 이윽고 울면서 고통의 인과응보를 받게 됩니다.

지혜로운 사람은 악을 버린다

　지혜로운 사람은 살 곳을 고름에 있어 악을 버리고 천국을 선택합니다. 천국과 지옥은 내세에만 있는 것이 아니고 지금 내가 먹고, 마시고, 잠자는 현세에도 있습니다. 지혜로운 사람은 현세에서 천국을 택하여 마음의 꽃을 피우고 삽니다.

좋은 일에 게으른 것도 나쁜 일이다

보통 사람들은 나쁜 일 하는 사람도 얼마나 많은데 그래도 나는 나쁜 일은 하지 않으니 다행이라고 생각합니다. 그러나 좋은 일에 게으른 것도 나쁜 일입니다. 좋은 일을 하는데 게으르면 마음은 저절로 나쁜 짓을 즐기게 되기 때문입니다. 나쁜 일을 하지 않는다고 위안 삼는 삶을 살지 말고, 좋은 일을 애써 행하려고 노력하는 삶을 살아가야 합니다.

선행은 때가 되었을 때 하는 게 아닙니다. 많이 벌고, 많이 모아 놓은 후 그때 가서 크게 베푸는 것이 아닙니다. 본인이 가진 게 적으면 적은 대로 베풀면

되는 것이지, 훗날 많이 가져서 그때 크게 베풀겠다고 한다면 그것은 거짓이고 허황된 말에 불과합니다. 적게 있을 때 베풀지 못하는 사람은 많이 있어도 베풀 수 없습니다.

선행은 거창하고 대단해야 하는 것이 아닙니다. 내가 행할 수 있는 작고 소박한 선행이면 충분합니다.

그릇된 애욕에 빠지지 마라

사람의 욕망 가운데 이성에 대한 욕망은 그 크기가 매우 큽니다. 애욕에 빠진 사람은 마치 횃불을 들고 바람을 거슬러 걸어가 손을 태우는 화를 입는 것과 같습니다.

사람은 애욕으로부터 근심이 생기고, 근심으로부터 세상의 두려움이 생깁니다. 애욕을 멀리하면 근심과 두려움이 사라집니다.

마음의 눈으로 세상을 보라

삶은 언제나 소모되고 있으니 울며 좌절할 필요 없습니다. 우리는 깊고 그윽한 어둠을 밝힐 등불을 밝혀야 합니다. 스스로 단련해 지혜를 얻고 열심히 배워 그것을 등불 삼아 마음의 눈으로 세상을 내다보아야 합니다.

미래에 대한 계획이 없으면 무슨 일이 생겼을 때 초조하고 불안해합니다. 무엇을 행하든 미리 생각하고 준비하는 것이 안정적인 삶입니다. 세상을 내다보는 마음의 눈이 준비된 사람은 해야 할 일에 때를 놓치지 않습니다.

조화를 이루려면

거문고는 줄이 느슨하면 소리가 잘 나지 않고, 줄을 팽팽하게 조이면 줄이 끊어집니다. 줄을 알맞게 조절해야 모든 것이 조화로워 고운 소리가 납니다.

도를 깨우치는 것도 이와 같습니다. 마음이 만약 고르고 알맞으면 도를 얻을 수 있습니다. 그러나 빨리 깨닫고자 너무 조급하게 마음을 쓴다면 몸만 피로해지고 마음도 괴롭습니다. 그러니 몸과 마음을 청정하게 하고 평온한 마음을 지닌다면 반드시 도를 깨우치게 됩니다.

덕망이 있는 사람은 가는 곳마다 즐겁다

보배로운 꽃을 많이 만들면 걸음마다 비단이 움직이는 듯하고 널리 덕을 쌓은 사람은 가는 곳마다 즐겁습니다. 이처럼 선행을 하며 널리 덕을 많이 쌓은 사람은 세상 어느 곳이든 가는 곳마다 복을 받아 사람들의 사랑을 받으며 행복을 누립니다.

그 누구도 나 대신 기도해 줄 수 없다

누군가 나 대신 기도해 준다고 해서 그 기도가 고스란히 전달될 수 없습니다. 다만 나 대신 누군가 기도를 하면 염원하는 일에 대한 집착을 덜어내게 되고, 고요함을 지켜 자기중심을 잡는 데 도움이 됩니다. 이와 같이 누군가 대신 기도를 해준다는 건 평화로운 마음을 키우는 것이지 그 목적을 이루는 것에 있지 않습니다. 어느 길이든 내 삶의 길이요 몫이라는 것을 온전히 받아들이고 누군가 대신해 줄 것을 기대하지 말고, 스스로 기도하며 당당하게 내 길을 가는 것이 중요합니다.

지금의 내 모습은
과거에 내가 만든 것이다

지금의 내 모습은 과거에 내가 생각하고 느낀 것들이 하나하나 마음에 쌓이고 섞인 결과물입니다. 내가 나쁜 생각을 한다면 나쁜 업이 마음에 각인되고, 나쁜 쪽으로 바뀝니다. 내가 따스한 생각을 한다면 선한 업이 마음에 각인되고, 그만큼 따스한 모습으로 변화합니다. 이렇게 사람은 마음에 쌓인 생각대로 조금씩 달라집니다. 부정적인 마음으로 불쾌한 이야기나 행동을 하게 되면, 반드시 자신에게 되돌아옵니다. 긍정적인 마음으로 이야기하거나 행동하면, 편안함으로 반드시 자신에게 되돌아옵니다.

사소한 것에 집착하지 마라

사소한 자존심 때문에 좌절하는 경우가 많습니다. 자존심이 상해 정말 해야 할 일을 외면하면 그 후에 슬피 울며 후회해도 소용없습니다. 어떤 경우에도 본질을 놓아두고 사소한 일에 매달려서는 안 됩니다.

꽃향기보다 오래가는 것

아무리 짙은 꽃향기라 할지라도 그 아름다움과 향은 멀리 가지 않고 오래가지 않습니다. 덕망이 높은 사람의 향기는 이 세상에서뿐만 아니라 하늘까지 진한 향기를 퍼뜨립니다.

남을 괴롭히면 반드시 화가 돌아온다

어떤 사람이 누군가에게 욕설을 퍼부었습니다. 욕설을 듣는 사람은 묵묵히 듣기만 하고 아무 말도 하지 않았습니다. 이윽고 그가 욕설을 멈추자, 가만히 듣던 사람은 입을 열었습니다.

'당신이 보석을 가지고 와서 다른 이에게 주었는데, 그가 보석을 받지 않는다면 그 보석은 누구의 것입니까?' 욕설을 하던 사람은 '자신의 것입니다.'라고 대답했습니다. '지금 그대가 나에게 욕설을 퍼붓지만, 내가 그 욕설을 받지 않으니, 그대의 욕설은 바로 그대의 것입니다. 마치 메아리가 소리를 따르고

그림자가 형체를 따르는 것처럼 화근이 그대에게 돌아갈 것입니다.'

심보 고약한 사람이 착한 사람을 해치는 것은 마치 하늘을 우러러 침을 뱉는 것과 같습니다. 침은 하늘에 머물지 않고 오히려 자신에게 떨어집니다. 남을 괴롭히면, 그 화는 반드시 자신에게 돌아옵니다.

내게는 업이 오지 않을 거라고
생각하지 마라

사소한 행동을 하더라도 그 업보는 한 치의 오차도 없이 나에게 돌아옵니다. 결과가 미미하거나 눈에 보이지 않아서 당장에 는 비껴갔다고 생각할지 모르지만, 물방울이 모여 항아리를 채우는 듯 언젠가는 분명한 큰 업으로 돌아옵니다.

지금 몸이 건강하다고, 지금 생활이 안정되어 있다고, 지금 집안이 화목하다고, 지금 나의 행복이 충분하다고 현재에 안주하여 노력하지 않다가 막상 역경과 고통에 처했을 때 대비하려면 이미 늦습니다.

행복할 때, 만족스러울 때 더 조심하고 이 행복은 언젠가 사라진다고 생각하며 더 많은 선행을 해야 합니다.

만약 내가 지금 괴로운 삶이라면 절대 포기해서는 안 됩니다. 불행하다는 것, 괴롭다는 것은 오히려 과거의 죄업을 받는 것이니 사실은 불행한 때가 악업을 녹이는 소중한 순간임을 알아야 합니다.

지혜로운 사람은 행복한 때가 오히려 위기이고, 불행할 때가 오히려 기회가 될 수 있다는 걸 깨달아, 행복할 때 거만하지도 역경에 좌절하지도 않으며 언제나 조화로운 중도를 지킴으로써 마음의 평화를 지켜나갑니다.

마음은 백지장과도 같다

향을 감싼 종이는 향내가 나고 생선을 감싼 종이는 비린내가 납니다. 종이는 본래 깨끗한 것이나 향내와 비린내가 나는 건 그 안에 담겼던 것들 때문입니다.

마음도 본래 깨끗하니 선을 쌓으면 향기가 나고 악을 쌓으면 악취가 납니다.

악인들 사이에서도
연꽃 같은 이가 나온다

지저분하고 악취가 나는 쓰레기 더미에서도 한 송이 연꽃이 피어나 은은한 향기를 피워내며 기쁨을 줍니다.

이와 마찬가지로 진정으로 깨달음을 얻는 사람은 마치 쓰레기와 같은 자들, 어둠 속을 걷는 악인들 사이에서도 자신이 깨달은 지혜로 빛을 발합니다.

악행의 결과는 크나큰 고통이다

어리석은 자는 악행을 저지르고도 그 일이 악한 것임을 알지 못합니다. 하지만 자신이 저지른 악행으로 마치 불에 타는 듯한 고통을 겪습니다. 스스로 저지른 악행은 마치 금강석이 다른 보석을 부수듯 어리석은 자를 부숴놓습니다.

상처가 없는 손에는
독이 스며들지 못한다

손에 상처가 없다면 독이 묻어도 스며들 수 없기에 태연히 독을 다룰 수 있습니다. 상처 없는 손에 독이 스며들지 못하듯 마음에 악업이라는 상처가 없는 사람에게는 비난, 슬픔, 재난이라는 독이 전혀 스며들 수 없습니다. 악업을 쌓지 않은 사람에게 불행은 찾아오지 않습니다.

부정적인 생각이 사라지면
생기는 안도감

업에 따른 인과응보와 윤회가 진실이라면, 부정적인 생각이 사라진 당신은 사후에 좋은 삶으로 환생합니다. 윤회가 거짓이라 해도, 부정적인 생각이 사라진 당신은 이번 생에서 화내지 않고 고통받지 않았기에 편안합니다. 악업이 고통을 불러오는 게 진실이라면, 부정적인 생각이 사라진 당신은 악업을 만들지 않았기에 고통은 찾아오지 않는다고 안도할 수 있습니다. 악업이 고통을 불러오지 않는다고 해도 부정적인 생각이 사라진 당신은 마음이 깨끗하고 맑다며 미소 지을 수 있습니다.

이로운 벗과 악한 벗

　이로운 벗은 절제할 줄 아는 사람, 정직한 사람, 듣고 본 것이 많은 사람이고, 악한 벗은 말재주만 그럴듯한 거짓된 사람, 서로 마주 대할 때만 좋은 척하는 사람, 교만하여 잔치를 좋아하는 사람입니다. 이로운 벗의 공통점은 진정성이고, 악한 벗의 공통점은 위선입니다.

　이로운 벗은 바르고 어진 마음으로 그릇된 일을 멈추게 하는 사람입니다. 나의 덕을 칭찬하고, 잘못을 근심하며, 공포를 주지 않고 조용히 훈계하는 사람이 이로운 벗입니다.

자기 이익만 탐하는 친구는
함께 갈 수 없다

춥고 배고플 때는 의리를 찾다가, 따뜻하고 배부르니 욕심부리는 사람이 있습니다. 좋은 친구인지 나쁜 친구인지는 형편이 비슷할 때는 잘 드러나지 않습니다. 서로 격차가 벌어졌을 때 둘 사이가 평소대로 유지되는지를 보면 알 수 있습니다.

좋은 벗이라면 이익 앞에서 함께하며 욕심을 부리지 않습니다. 나쁜 벗은 이익 앞에서 거짓과 공포로 자신이 부당하게 많이 가져가고, 좋을 때는 가까이하다가 고난에 처할 때 외면합니다.

산과 땅 같은 벗

활짝 아름답게 필 때 머리에 꽂았다가 시들면 버리는 관계는 꽃과 같습니다. 권세가 무거울 때 아첨하다가 가벼워지자 업신여기는 관계는 저울과 같습니다.

산은 새나 짐승도 금빛이 들게 하고, 땅은 온갖 곡식을 내주어 부유케 합니다. 우리는 서로에게 '산과 같은 벗, 땅과 같은 벗'이 되어야 합니다.

어떤 존재라도 해를 가하지 마라

힘이 센 강한 존재든, 두려움에 떨고 있는 약한 존재든 그 어떤 존재라도 해치는 일을 삼가야 합니다. 살아 있는 어떤 존재도 죽이지 말고, 죽게 내버려두지 말고, 다른 이가 죽이는 것을 눈감아주지도 말아야 합니다.

살아 있는 존재라면 그 무엇도 살생하지 말고, 자기에게 주어지지 않은 것은 취하지 말아야 합니다. 거짓말하지 말고, 술에 빠지지 않으며, 부정한 행위를 해서는 안 됩니다.

악업을 행하지 않으면
마음이 깨끗해진다

악업을 행하면 고통을 겪고, 악업을 행하지 않으면 마음이 깨끗해집니다. 청정함과 불순함은 모두 자신에게 달려 있으니, 누구도 내 마음을 청정하게 하지 못합니다.

욕망과 증오는 내 마음에서 일어나고, 미움과 기쁨과 두려움도 모두 내 마음에서 일어납니다. 까마귀를 괴롭히는 아이처럼 마음을 어지럽히는 의심도 내 마음에서 일어납니다.

망상은 무조건 멈춰라

망상은 우리의 능력이 담긴 그릇에 구멍을 만듭니다. 망상 때문에 지금껏 가능했던 일이 불가능해지고, 능력을 잃어 인생의 수레바퀴가 어긋나 버리는 일도 적지 않습니다. 망상은 무조건 멈춰야 합니다.

과거와 미래에서 방황하지 않고 현재를 깨닫고 충실하게 살아가야 합니다. 마음이 제멋대로 폭주하게 두지 않고 이 순간에 붙여 놓는 훈련을 해야 합니다.

자기 존중에서 오는 기쁨

진귀한 보배를 가득히 쌓아도 자기를 존중하는 것만 못합니다. 깨달음과 존중에서 나오는 자기 의존이야말로 그 어떤 보배보다 으뜸가는 것입니다. 그 외의 것을 의지처로 삼아서는 온갖 고통에서 벗어날 수 없습니다.

자기를 존중하려면 욕망을 뛰어넘고 자만심을 억제해야 합니다. 자기를 존경하기 시작하면 마음과 몸이 지극히 순수한 상태가 되어 광채를 발합니다.

마라의 군대를 무찔러야 기쁨을 얻는다

마라(악마)의 군대는 욕망, 불만족, 굶주림과 목마름, 갈망, 게으름과 무기력함, 비겁함, 의심, 위선과 고집, 명예와 거짓으로 얻은 영예, 자신을 높이고 남을 경멸하는 것입니다.

이것이 마라(악마)의 군대요, 어둠의 군대입니다. 오직 용맹하고 지혜로운 이만이 이 군대를 무찌를 수 있으니, 마라(악마)의 군대를 무찌르고 나서 기쁨을 얻습니다.

도움을 줄 벗이 있음은 기쁜 일이다

일이 생기면 도움을 줄 벗이 있음은 기쁜 일이요, 무엇이든 만족할 줄 아는 것 또한 기쁜 일입니다.

죽음의 순간에 선행은 기쁜 일이요, 번뇌를 모두 버리는 것은 더욱 기쁜 일입니다.

늙어서까지 지속되는 덕행은 기쁜 일이요, 굳게 뿌리내린 믿음도 기쁜 일입니다.

지혜를 얻는 일도 기쁜 일이요, 죄를 피하는 것도 기쁜 일입니다.

언행이 인생을 만든다

부정적인 언행을 하는 버릇 때문에 마음에 악업을 새기면, 늘 화내고 불행한 나날을 보내다가 사후에 좋지 않은 삶으로 환생하게 됩니다. 생을 사는 동안에도 비난받을 일을 많이 해서 비난에 초조해하고, 사후에는 나쁜 환생을 해 더 고통받습니다.

긍정적인 언행을 하며 선행을 마음에 새겨왔다면 살아 있는 동안에도, 사후에도 행복한 환생을 하여 안심하고 살아갈 수 있습니다. 누구에게도 비난받을 일을 한 적이 없다고 안심하고, 사후에는 선하게 환생하여 더 걱정 없는 생활을 보낼 수 있습니다.

해가 되는 행동은 하기 쉽다

자신이나 타인에게 해가 되는 악한 행동을 하기는 매우 쉽습니다. 하지만 자신이나 타인에게 도움이 되는 선한 행동을 하기란 매우 어렵습니다.

변해도 흔들리지 않는 것

오늘 힘써 정진해야 한다. 내일 죽을 줄 누가 알겠는가.

그러므로 죽음의 대군 앞에서도 우리는 괴롭지 않다.

밤낮으로 게으름 없이 살며 정진한다.

이것이야말로 '매일 좋은 날'이다.

나의 모습은 내 마음이 만들어 낸 결과

지금 나의 모든 모습은 내 마음이 빚어낸 결과이니, 그 바탕에는 내 마음이 있으며 내 마음으로 이루어집니다. 나쁜 마음으로 말하거나 행동하면 고통이 따라오니, 마치 수레를 끄는 소의 발을 따라가는 수레바퀴와 같습니다.

지금 나의 모든 모습은 내 마음이 빚어낸 결과이니, 그 바탕은 내 마음과 생각으로 이루어집니다. 순수한 마음으로 말하거나 생각하면 행복이 따라오니, 마치 그림자를 절대 떨쳐내지 못하는 것과 같습니다.

누구나 부처가 될 수 있다

한 부자가 자식을 잃어버린 지 50년이 되었습니다. 부자는 자신이 죽으면 재산을 물려줄 아들이 없어 걱정하던 무렵, 어느 날 아들이 거지꼴을 한 채 자기 집 앞을 지나는 것을 목격했습니다. 부자는 하인을 시켜 그를 데려오라고 했습니다. 하인이 밖으로 뛰쳐나가 그를 붙잡으니, 바닥을 뒹굴며 놀랐습니다. 부자는 그를 놓아주라고 한 뒤에 이런 꾀를 내었습니다.

하인 하나를 거지 모습으로 변장해 아들을 만나 잘 타일러서 그를 집에 데려오도록 하였습니다.

하인과 함께 아들이 집에 들어오자, 부자는 아들에게 거름을 주는 허름한 일부터 시켰습니다. 그러다 시간이 흘러 부자와 아들은 친해졌고, 부자는 거지 아들에게 점차 중대한 일을 맡겼습니다.

세월이 흐르고, 부자는 자신이 죽을 때가 되었음을 알고 식구를 모아놓고 그간의 사정을 말한 뒤 자신의 모든 재산을 거지 아들에게 물려줄 것이라고 하였습니다. 아들은 비로소 부자가 자신의 친아버지이며, 거대한 재산이 바로 자신의 것임을 알고 크게 기뻐했습니다.

여기서 부자는 바로 여래이고, 거지 아들은 모든 중생이며, 재산이란 부처가 될 수 있는 설법을 말합니다. 원래 중생은 모두 부처가 될 수 있는 뛰어난 존재이니 자신을 낮추거나 모자란 사람이라고 생각하지 말아야 합니다.

빈 수레가 요란하다

남에게 허세를 부리고 내면이 비어 있는 사람들은 대부분 말이 많습니다. 그들은 자신의 진짜 모습이나 능력만으로는 충분한 관심을 받지 못할 거라는 걸 알기 때문에 과장된 말과 행동으로 다른 사람들의 관심을 얻으려고 합니다.

과장된 말과 행동 속에 자신의 약점을 숨기는 이들과 달리 진짜는 조용합니다. 남보다 가진 것이 많고 아는 것이 많기 때문입니다. 자신의 깊이를 이해하고 내면을 들여다보며, 장점을 명확하게 알고 있는 사람은 외적인 요소에 휘둘리지 않습니다. 자신의 가치와 능력을 잘 알고 있기 때문에 굳이 목소리를 높여 말하지 않습니다.

빈 수레가 요란하다는 말처럼 바닥이 얕은 개울 물은 소리 내서 흐르지만 깊고 넓은 바다의 물은 소리 없이 흐릅니다. 가짜는 시끄럽고 진짜는 조용합니다.

내 몸의 실체를 똑바로 봐라

고요한 곳에서 집중하여 피부 아래 감춰진 몸의 내부를 명상의 대상으로 삼으면, 몸 안을 가득 채우고 있는 장기의 꿈틀거림과 타액, 피, 땀이 끊임없이 분비되는 걸 느낄 수 있습니다. 내 몸 안을 의식한다면 여러 오물이 가득 출렁거리고, 여러 구멍을 통해 배설하며 체취를 내뿜는, 깨끗하다고 볼 수 없는 이 몸을 우리는 소중히 지키려고 매달리며 애를 씁니다. 몸 안에 가득 오물을 숨기고 있으면서, '나는 잘났다'라거나 '우월하다'라며 거만하게 굴고 '저 사람은 안 된다'라며 트집을 잡는다면 당신은 실체를 똑바로 보지 못하는 어리석은 자일뿐입니다.

훌륭한 인격보다 빛나는 통솔력은 없다

말은 재주가 아니라 인격입니다. 인격이 뒷받침된 말은 조금 어눌해도 보석처럼 빛나고 인격이 부족한 사람의 말은 화려해도 공감하지 못하고 반감을 일으킵니다. 부처는 말도 잘했지만 말보다 훨씬 더 인격적으로 완성된 삶을 살았습니다. 부처는 제자와 똑같이 발우를 들고 탁발했습니다. 스승이라 하여 좋은 옷을 입고 높은 자리에 앉아 가르치기만 하고, 허드렛일이나 노동은 제자들만 하게 하지 않았습니다. 직접 자기 옷을 꿰맸고, 텃밭을 일구었으며 탁발하러 다녔습니다. 말보다는 훌륭한 인격에서 나오는 행동이 다른 사람을 이끄는 빛이 됩니다.

부모를 모시는 도리

우리가 부모님을 모실 때 몸을 보살펴드려야 합니다. 의식주 등 물질적인 것에 부족함이 없도록 해드려야 합니다. 자기가 하고 있는 일을 알려드려야 합니다. 부모님의 뜻에 순종해야 합니다. 부모님이 잘못하시면 바로잡아드려야 합니다. 이중에서도 가장 어려운 것이 부모님의 잘못을 바로잡아드리는 일입니다. 사람의 생각은 저마다 다르니 부모와 자식이라고 해서 생각이 같을 수 없습니다. 과거 충직한 신하는 왕이 잘못하면 자신의 이마를 땅에 찧으며 바로잡으려 했습니다. 생각보다 진심이 사람을 움직이고 설득보다 눈물이 사람을 변화시킵니다.

자식을 기르는 도리

우리가 자식을 기르는 데는 먹고 입는 데 부족함이 없도록 해야 합니다. 학문과 기술을 가르쳐야 합니다. 관심과 사랑을 줘야 합니다. 좋은 친구를 사귀도록 해야 합니다. 때가 되면 배우자를 만나게 해줘야 합니다.

자식 사랑에는 두 가지가 있습니다. '사랑만 있는 사랑'과 '지혜와 함께하는 사랑'입니다. 넘어진 아이를 냉큼 일으켜 세워주는 것은 사랑만 있는 사랑이고, 제 스스로 일어날 때까지 잠시 기다리는 것은 지혜와 함께하는 사랑입니다.

자식은 언젠가 어버이를 떠나 독립해야 하므로 지혜로운 어버이는 어릴 적부터 자녀의 독립심을 길러줍니다. 어버이로서 자식이 사랑스럽지 않은 사람은 없습니다. 다만 그 사랑이 지나치지 않도록 조심해야 합니다. 지나친 내리사랑은 사랑을 베푼 사람의 의도와는 달리 때로 받는 자에게 독소로 작용하기 때문입니다.

절제하는 사람은 빛이 난다

부처와 제자들은 하루에 일곱 집만 탁발했습니다. 잘사는 동네를 가도 일곱 집, 못 사는 동네를 가도 일곱 집 이상은 탁발하지 않았습니다. 당시에는 출가 수행자를 공경하고 대접하는 것이 당연한 일로 여겨지는 문화여서 다른 수행자가 미리 탁발했던 집이라면 물러나 다른 집으로 갔습니다. 또 일곱 집이나 탁발했음에도 음식이 부족하다면 그만큼 중생이 살기가 어렵다는 뜻이기도 했습니다. 그럴 때 수행자는 억지로 걸식하지 말고, 중생과 함께 배고픔을 느끼는 게 맞다고 생각한 부처는 일곱 집을 걸식해도 먹을 것이 변변치 않으면 그날은 굶었습니다.

탁발 수행 원칙은 탐욕 중의 가장 본능적 탐욕인 식탐을 이기고 절제하는 데 있습니다. 식탐을 이기고 절제를 할 줄 아는 사람이 교만과 아집에 얽매일 리 없습니다.

영적인 존재에 의존해서는 안 된다

마음이 흐트러지면 신에게 의존하려 합니다. 무속인을 믿거나, 영적인 물건을 믿거나 그것에 의존하려 합니다. 이렇게 영적인 존재에 기대거나 영적인 사람에게 의지해 현실에서 눈을 돌리고 찰나의 안심을 얻으려 합니다.

그러나 그것들은 진정한 안식처가 아닙니다. 그렇게 영적인 존재에 의존해도 흐트러진 마음으로 생긴 번뇌는 변하지 않습니다.

고통에서 벗어나려면
만족하며 살아야 한다

욕망은 고통의 근원입니다. 사람들은 만족하지 못하고 무언가를 끝없이 갈망하면서 그것을 얻지 못할 때마다 고통을 경험합니다. 원하는 것을 얻었다고 하더라도 고통은 해결되지 않습니다. 욕망으로 원하던 대부분은 그 만족감이 오래가지 않거나 더 큰 욕망을 낳기 때문입니다.

욕망이 가져오는 끊임없는 고통에서 벗어나기 위해 우리는 진정한 만족의 의미를 깨우쳐야 합니다. 만족은 자신이 현재 가진 것에 감사하고 그것으로 충분함을 느끼는 태도입니다. 가지지 못한 것을 생각하기보단 가진 것을 들여다봐야 합니다. 내가 지닌 것들로 하지 못하는 것을 생각하기보단 지닌 것들로 할 수 있는 것들을 생각해야 합니다. 이러한 태도가 우리를 욕망의 순환에서 벗어나게 하여 우리 내면을 평화롭게 만들 것입니다.

미움은 사랑으로 멈춘다

미워하는 마음은 미움으로 멈추는 법이 없고 사랑으로 멈추니, 이것은 변치 않는 진리입니다. 이 사실을 깨닫는다면 온갖 다툼이 사라집니다.

우리를 미워하는 자를 미워하지 말고 행복하게 살아야 합니다. 우리를 미워하는 자들 사이에서 살더라도 우리는 미움에서 벗어난 삶을 살아야 합니다.

나이 들었다고 어른이 아니다

나이가 들고 머리카락이 희어졌다고 어른이 되지 않습니다. 그저 나이만 먹은 사람은 부질없이 늙어버린 속 빈 사람일 뿐입니다.

진리를 추구하고 덕이 있으며, 자비가 있고 자제력을 발휘해서 절도 있게 사는 사람, 온갖 더러움에 때 묻지 않고 깨끗한 사람이 진정한 어른입니다.

사람을 소중하게 대하는 법

첫째, 모든 사람을 대할 때 자비로운 마음을 갖고 있어야 합니다. 사람을 소중하게 여기는 마음을 잊지 않아야 합니다.

둘째, 부드럽고 고요하며 평온한 마음을 유지해 사람을 살펴야 합니다. 혹 자신을 욕되게 하는 자가 있을지라도, 잘 견디어 내며 사람을 소중히 여기는 마음을 잊지 않아야 합니다.

셋째, 편안한 마음으로 사람을 보살피고, 인연을 소중히 여기며 지혜롭게 대해야 합니다.

사람을 사귈 때 적정선을 유지해라

사람과 관계를 맺을 때 간혹 즐거움에 취해 자신의 앞날은 생각하지 않는 경우가 있습니다. 자기의 일은 뒷전으로 미루고 다른 사람을 챙기면서 귀중한 시간을 낭비하면 나를 천천히 불행하게 만드는 행동입니다.

우리는 모든 관계로부터 독립되어 평생을 홀로 살아갈 수는 없습니다. 그러므로 중도, 즉 적정선을 유지하는 것을 관계에도 접목해야 합니다. 나를 챙기는 일과 타인을 챙기는 일, 나를 알아가는 즐거움과 타인과 함께하는 즐거움 사이에서 적정선을 찾으며

나로서 또 누군가의 동료로서 살아가기 위해 부단한
공부와 노력이 필요합니다. 타인은 즐거움을 주지만,
그러한 타인이 나의 삶을 책임져줄 수는 없습니다.

모든 생명은 삶의 의지가 있다

이 세상의 모든 생물은 공격받는 걸 두려워합니다. 모든 생물은 죽음에서 도망치고자 하는 본능의 지배를 받습니다. 사람 역시 죽고 싶지 않다는 생각이 가슴속 깊은 곳에 감춰져 있습니다.

다른 모든 생물도 사람과 같은 생각을 하고 있다는 점을 떠올릴 수 있다면 살아 있는 것들을 고의로 살생하지 말며, 그렇게 죽게 놓아두어서도 안 됩니다.

인생을 순탄하게 사는 방법

첫째, 어떤 행동을 할 때 거울에 자기 얼굴을 비춰보듯 늘 자비롭게 행동해야 합니다. 둘째, 어떤 말을 할 때 거울에 자기 얼굴을 비춰보듯 늘 자비롭게 말해야 합니다.

셋째, 어떤 생각을 할 때 거울에 얼굴을 비춰보듯 늘 자비롭게 생각해야 합니다. 넷째, 이익을 얻거든 인색하지 말고, 이웃과 함께 나누어야 합니다.

다섯째, 모든 계율이 어그러지지 않게 잘 지켜야 합니다. 여섯째, 번뇌를 벗어나는 자비심을 늘 가지고 수행자처럼 마음을 닦아야 합니다.

머무는 곳마다 그곳의 주인이 되라

어디에서도 자신이 넘치는 사람은 다른 사람에 끌려가지 않고, 자기 주관이 없는 사람은 강한 자에게 휘둘립니다.

가치관이 분명하고, 그에 따르는 언행이 명백한 사람, 그런 사람은 어디에서도 자신을 잃지 않습니다.

언제 어디서나 자기를 잃지 않고, 언제 어디서나 의젓하여 머무는 곳마다 그곳의 주인이 되어야 합니다.

분노와 교만을 이겨내야 한다

도둑질하지 말고, 거짓말하지 말아야 합니다. 힘에 따라 다르게 대하지 말고, 모두 똑같이 자애로 대해야 합니다. 내 마음의 동요를 불러일으키는 것이라 여겨지면 그것을 몰아내야 합니다.

분노와 교만의 힘에 굴복하지 말고, 그 뿌리를 뽑아내고 살아가야 합니다. 즐거운 것이나 괴로운 것이나 모두 이겨내야 합니다.

진주를 얻으려면 바다에
뛰어들어야 한다

번뇌는 단순한 고통이 아니라 지혜를 얻는 수단입니다. 진주를 얻기 위해서 바다에 뛰어들어야 하듯이 번뇌 앞에서 용기를 가지고 마주해야 합니다. 우리의 삶에서 일어나는 많은 고통과 어려움을 피하지 않고 직면할 때 지혜를 얻을 수 있습니다.

정작 우리에게 무엇이 중요한지, 무엇이 진정한 행복인지 알려주는 건 고통입니다. 번뇌의 바다에 들어갈 용기를 마음에 품는다면 언제나 지혜는 나의 편이 될 것입니다.

아버지처럼, 어머니처럼

모든 남자를 나의 아버지와 형제로, 모든 여자를 나의 어머니와 형제로 여겨야 합니다. 억겁에 이르는 윤회의 과정에서 나의 친지로 걸쳐가거나 만날 인연일지 모르기 때문입니다.

부모와 형제, 내 가족을 사랑하는 것은 사람으로서 최소한의 도리입니다. 여기에서 더 나아가 모든 사람을 사랑하게 된다면 우리가 원하던 경지에 이를 수 있습니다.

남을 시샘하는 자는 늘 괴롭다

자신이 얻은 것을 결코 가볍게 여기지 말며, 다른 이를 시샘해서는 안 됩니다. 남을 시샘하는 사람은 마음의 평화를 얻지 못하고 늘 괴롭습니다.

자신이 얻은 것이 비록 보잘것없더라도 얻은 것을 가볍게 여기지 않으며 그 삶이 청정하고 게으르지 않은 사람은 하늘의 신조차 칭송합니다.

후회 없이 사랑하라

우리의 삶에 불확실한 미래와 되돌릴 수 없는 과거 사이에서 내가 영향을 미치고 바꿀 수 있는 건 현재밖에 없습니다. 그러므로 사랑하는 사람과 함께 있는 이 순간을 최대한 즐겨야 합니다. 서로를 알아가고 서로를 이해하고 서로를 존중하는 데 시간을 보내야 합니다. 사랑할 시간이 그리 많지 않다는 것을 깨닫는 건 진정으로 사랑하는 방법을 배우는 것과 같습니다. 수천의 생을 반복한다 해도 사랑하는 사람과 다시 만날 가능성이 얼마나 될까요. 그러니 지금 후회 없이 사랑하세요. 사랑할 시간이 그리 많지 않습니다.

쉽게 믿어서는 안 되는 것들

누가 당신에 대해 이런 말을 했다는 소문을 들어도 실제로 확인될 때까지는 쉽게 믿어서는 안 됩니다. 이곳에서는 옛날부터 이랬다며 전통을 들먹이면 쉽게 믿어서는 안 됩니다. 유행하고 있고 평가가 좋다고 해서 쉽게 믿어서는 안 됩니다.

성전이나 불경이나 책에 쓰여 있다고 해서 쉽게 믿어서는 안 됩니다. 실제로 확인해 보지 않은 억측은 쉽게 믿어서는 안 됩니다. 옳게 보이는 이론이나 사상에 의한 것이라 해도 쉽게 믿어서는 안 됩니다.

상식에 맞는 것이라 해도 쉽게 믿어서는 안 됩니다.

당신과 의견이 같다고 해서 나도 그렇게 생각한다며 쉽게 믿어서는 안 됩니다. 상대의 의복이 훌륭하거나 직업이 좋거나 태도가 정중하다고 겉모습에 현혹되어 쉽게 믿어서는 안 됩니다. 상대가 자신의 스승이라 해도 맹목적으로 쉽게 믿어서는 안 됩니다.

옷 안에 들어 있는 보석

어떤 사람이 친구와 술을 마시고 취해 깊은 잠에 들었습니다. 다음 날 아침 일찍 먼 길을 가야 하는 친구는 술에 취해 자는 다른 친구의 옷에 보배 구슬을 매어 주고 떠났습니다. 뒤늦게 일어난 친구는 잠에서 깨어난 뒤, 자신 옷에 보배 구슬이 있는 줄도 모르고 거지 생활을 하며 유랑하였습니다.

시간이 지나 거지는 구슬을 넣어 준 친구를 우연히 만나게 되었습니다. 친구는 자신의 벗이 거지가 되어 돌아다니는 것을 보고 안타까워하며, '네 옷 속에 꿰매 준 구슬을 팔면 거지 생활은 하지 않을 텐데, 왜 이렇게 사는가? 옷을 한번 살펴보라.'라고 하였습니다. 친구의 말을 듣고 그제야 거지는 자신의 옷 속을 살펴보니 값비싼 보석이 옷 주머니에 묶여 있는 것을 알게 되었습니다.

 이처럼 우리는 빛나는 존재가 될 자질을 이미 갖추고 있는데, 자신을 낮추고 어리석게 살아가는 경우가 많습니다. 다른 사람을 부러워하기보단 나의 내면을 들여다보며 내가 가진 게 무엇인지 먼저 알아야 합니다.

도박은 멀리해야 한다

도박에 빠진 사람은 이기면 미움받고, 지면 슬픔에 빠집니다. 재산은 줄어들고 친구도 잃습니다. 마침내 정신적 파멸에 이르니 도박을 가까이해서는 안 됩니다.

도박에 빠지는 이유는 적은 노력으로 큰 이익을 보려는 어리석은 생각과 도박 자체의 재미에 빠져 마음을 자제하지 못하기 때문입니다. 도박을 끊겠다고 하지만 다시 하게 되는 경우가 많습니다. 도박은 처음부터 멀리하는 것이 좋습니다.

마음이 흔들리면 지혜를 얻지 못한다

마음이 확고하지 못하고 진정한 이치를 알지 못해 마음의 평정이 흔들리면, 그 사람은 지혜를 얻지 못합니다. 마음이 온갖 탐욕에서 벗어나 혼란스럽지 않으면 선악에 얽매여 생각하지 않으니, 그렇게 깨어 있는 자는 아무런 두려움이 없습니다.

우리의 몸은 항아리처럼 깨지기 쉬움을 깨달아야 합니다. 우리 몸은 머지않아 땅으로 돌아가니, 마치 쓸모없는 나무토막처럼 버림받고 아무도 돌봐 주지 않을 것입니다. 그러니 이 마음을 성곽처럼 단단히 다지고 지혜를 무기 삼아 번뇌를 이겨내야 합니다.

겉모습에 속지 말아야 한다

외형과 본질 사이에는 명확한 차이가 있습니다. 아무리 말끔한 사람일지라도 마음이 정직하지 못하면 좋지 못한 사람입니다. 나에게 잘해주지만, 불순한 마음이 섞여 있다면 그 역시 옳지 못한 것입니다.

말을 잘하고 외모가 멋진 왕이 백성들을 현혹하고 마음을 움직입니다. 왕의 모든 말, 행동은 마치 백성을 위해서 희생하는 듯하지만 사실 알고 보면 모두 자신의 이익을 위해서 움직이고 있는 걸 수도 있습니다. 반대로 말은 좀 어눌한 왕이지만 아침에 일어나서 잠들 때까지, 비가 오나 눈이 오나 백성

걱정에 잠을 설치는 사람이라면 겉모습은 그리 좋아 보이지 않을 수 있으나 마음이 깨끗하니 결국 백성을 위한 일을 할 것입니다.

겉모습에 속지 말아야 합니다. 겉모습이 중요한 것이 아니라 그 사람의 내면이 중요합니다.

살면서 꼭 읽어야 할 부처의 지혜

발행일 초판 1쇄 2026년 4월 29일

엮은이 북러버
펴낸이 강주효 **마케팅** 이동호 **편집** 이태우 **디자인** 하루
펴낸곳 도서출판 버금 **출판등록** 제353-2018-000014호
전화 032)466-3641 **팩스** 032)232-9980
이메일 beo-kum@naver.com
블로그 blog.naver.com/beo-kum
제조국 대한민국
주의사항 종이에 베이거나 긁히지 않게 조심하세요.

ISBN 979-11-93800-22-5 03100
값 14,000